労働法務士

認定試験

発行　全日本情報学習振興協会 編集部

試験概要

【開催時期】

○5月と11月　年2回

【問題数および制限時間】

○問題数：60問

○制限時間：2時間30分

【受験料】

16,500円（税込）

【解答方式／合格点】

○マークシートによる解答とします。

○正答率70％以上で合格とします。

ただし、問題の難易度により調整する場合があります。

【申込方法】

インターネットでお申込みの場合は下記アドレスよりお申し込みください。
http://www.joho-gakushu.or.jp/web-entry/siken/

郵送でお申込の場合は、下記までお問合せ下さい。

お問合せ先

一般財団法人　全日本情報学習振興協会

〒101-0061　東京都千代田区神田三崎町 3-7-12　　清話会ビル 5F

TEL：03-5276-0030　FAX：03-5276-0551

http://www.joho-gakushu.or.jp/

出題項目

1	労働法総論	1) 労働法の意義と沿革など	労働法の意義と体系
		2) 憲法上の基本規定	憲法 27 条・28 条の基本的性格、勤労の権利と義務
2	雇用関係法	1) 労働契約の法理	①労働契約と就業規則
			②労働契約の成立と展開
			③労働条件の変更
			④労働契約の終了
			⑤懲戒
		2) 労働条件の最低基準保障	①賃金
			②労働時間
			③休暇・休業
			④年少者・妊産婦の保護
		3) 安全・健康の確保	①安全衛生に関する規制
			②労働安全衛生法の概要
		4) 災害補償	①労働基準法上の災害補償制度
			②労災保険制度
			③労災保険制度の保険給付
		5) 労働保険徴収法	労働保険徴収
		6) 労働者の人権擁護	①労働憲章
			②雇用平等
3	労使関係法	労働組合法	①労働組合
			②団体交渉と労働協約
			③組合活動と争議行為
			④不当労働行為
4	雇用保障法	1) 一般雇用保障法	①雇用政策基本法
			②職業紹介等のマッチングの法
			③就職促進の法

			④雇用保険法と失業の防止
			⑤失業中の生活保障
		2)特別雇用保障法	①若者の雇用保障法
			②高年齢者の雇用保障法
			③障害者の雇用保障法
			④派遣労働者の雇用保障法
5	労働紛争解決のシステム	労働関係調整法等	①集団的労働紛争の解決システム
			②争議調整制度
			③個別労働関係紛争の解決システム
6	その他の法規	1)労働福祉に関する法規	①財形制度
			②中退共制度
		2)外国人労働者に関する法規	①外国人労働者雇用
			②技能実習法

・本書中で略記した法令名等は下記の通り。

育児・介護休業法（育児休業、介護休業等育児又は家族介護を行う労働者の福祉に関する法律）

高年齢者雇用安定法（高年齢者等の雇用の安定等に関する法律）

障害者雇用促進法（障害者の雇用の促進等に関する法律）

男女雇用機会均等法（雇用の分野における男女の均等な機会及び待遇の確保等に関する法律）

パートタイム労働法（短時間労働者及び有期雇用労働者の雇用管理の改善等に関する法律）

労働者派遣法（労働者派遣事業の適正な運営の確保及び派遣労働者の保護等に関する法律）

労働保険料徴収法（労働保険の保険料の徴収等に関する法律）

女性活躍推進法（女性の職業生活における活躍の推進に関する法律）

労働時間等設定改善法（労働時間等の設定の改善に関する特別措置法）

入管法（出入国管理及び難民認定法）

働き方改革関連法（働き方改革を推進するための関係法律の整備に関する法律）

個別労働紛争解決促進法（個別労働関係紛争の解決の促進に関する法律）

労働施策総合推進法（労働施策の総合的な推進並びに労働者の雇用の安定及び職業生活の充実等に関する法律）

求職者支援法（職業訓練の実施等による特定求職者の就職の支援に関する法律）

セクハラ指針（事業主が職場における性的な言動に起因する問題に関して雇用管理上講ずべき措置等についての指針）

パワハラ指針（事業主が職場における優越的な関係を背景とした言動に起因する問題に関して雇用管理上講ずべき措置等についての指針）

問題1. 労働法の沿革に関する以下のアからエまでの記述のうち、最も<u>適切</u>
　　　<u>な</u>ものを1つ選びなさい。

ア. 労働組合法は終戦直後である 1945 年に、労働関係調整法は 1946
　　年に、労働基準法は 1947 年に、それぞれ制定された。

イ. 1994 年には、司法制度改革の一環として労働審判法が制定され、
　　1997 年には、それまでに形成された判例法理（労働契約法理）の一
　　部を立法化した労働契約法が制定された。

ウ. 1990 年代には、雇用失業情勢の悪化、非正規労働者の増加、若年
　　者の就職難などの状況から、労働市場における社会的弱者の保護を
　　求める声が高まり、パートタイム労働法の改正や労働基準法の改正
　　が行われた。

エ. 2000 年代に、労働組合のない分野の労働者のために賃金の最低額
　　を設定することを本来的制度とする、最低賃金法が制定された。

問題1.　　|労働法の沿革|

ア　適　　切。わが国では終戦直後に労働運動が復活し、1945年12月には(旧)労働組合法が制定され、1946年9月には労働争議の調整などについて定めた労働関係調整法が制定され、1947年4月には労働憲章の制定やILOの国際労働基準の下級的実現を目的として労働基準法が制定された。

イ　不適切。司法制度改革の一環として、労働紛争解決のための労働審判法が制定されたのは、2004年5月である。また、個別労働紛争が増加し、労働契約に関する紛争解決ルールを立法化するために、それまでに形成された判例法理（労働契約法理）の一部を立法化し、労働契約に関する民事的ルールの基本法として労働契約法が制定されたのは、2007年12月である。

ウ　不適切。2000年代に入り、わが国における雇用失業情勢の悪化、非正規労働者の増加、若年者の就職難などの状況から、労働市場における社会的弱者の保護を求める声が高まり、パートタイム労働法改正（2007年）、労働契約法制定（2007年）、労働基準法改正（2008年）などがなされた。

エ　不適切。労働組合のない分野の労働者のために賃金の最低額を設定することを本来的制度とする、最低賃金法が制定されたのは、1959年4月である。

|正解　ア|

問題2. 次のアからオまでの労働関連法律のうち、最も<u>早く</u>制定されたものを1つ選びなさい。

ア．労働基準法

イ．労働契約法

ウ．労働組合法

エ．労働安全衛生法

オ．労働者災害補償保険法

問題2.　　労働法の沿革

ア　1947年に労働基準法、職業安定法、失業保険法及び労働基準法が定める災害補償責任を保険制度によりカバーするための労働者災害補償保険法が制定された。

イ　2004年5月には、司法制度改革の一環として、労働紛争解決のための労働審判法が制定され、2007年12月には、個別労働紛争が増加し、労働契約に関する紛争解決ルールを立法化するために、それまでに形成された判例法理（労働契約法理）の一部を立法化し、労働契約に関する民事的ルールの基本法として労働契約法が制定された。

ウ　わが国における労働法の本格的な形成と発展は、第2次世界大戦後に始まったといわれている。終戦直後には労働運動が復活し、1945年12月には（旧）労働組合法が制定され、1946年9月には労働争議の調整などについて定めた労働関係調整法が制定され、1947年5月に施行された日本国憲法は、団結権（28条）などの労働者の基本的権利を保障した。

エ　1972年6月に労働基準法42条以下の規定に代わって独立した法律として労働安全衛生法が制定された（労働基準法 42 条は「労働者の安全及び衛生に関しては、労働安全衛生法（昭和47年法律第57号）の定めるところによる。」と規定し、43条から55条までは削除された）。

オ　アの解説を参照。

正解　ウ

問題3. 憲法 27 条で定めている労働基本権に関する以下のアからオまでの
記述のうち、最も<u>適切ではない</u>ものを1つ選びなさい。

ア. 憲法 27 条1項が定める勤労の権利の保障は、働く意欲を持つ者が
働く機会を得られるように労働市場の体制を整える義務を国に課
すものであり、職業安定法、労働施策総合推進法は、この義務に対
応して定められたものである。

イ. 憲法 27 条1項が定める勤労の権利の保障は、働く意欲を持つが働
く機会を得られない者に対して生活を保障する義務を国に課すも
のであり、雇用保険法、求職者支援法は、この義務に対応して定め
られたものである。

ウ. 憲法 27 条1項が定める勤労の義務の趣旨は、国は、働く意欲のな
い者のためにその生存を確保する施策を講じる必要がないことを
示した点にあり、雇用保険法上の失業の認定が求職活動を行ったこ
とを確認して行うとされているのは、この趣旨を受けたものである。

エ. 憲法 27 条2項は、労働条件の最低基準を法律で定める政策義務を
国に課しており、労働基準法、労働安全衛生法は、この政策義務に
対応して定められたものである。

オ. 憲法 27 条3項は、児童の酷使を防止する措置を講じる政策義務を
国に課しており、労働基準法による徒弟の弊害排除規定、労働組合
法による不当労働行為救済制度は、この政策義務に対応して定めら
れたものである。

問題3.　　労働基本権

ア　適　切。憲法27条1項は、「すべて国民は、勤労の権利を有し、義務を負ふ」と規定して、勤労の権利を保障しているが、これは、働く意欲を持つ者が働く機会を得られるように労働市場の体制を整える義務（労働市場整備義務）及びそのような機会を得られない者に対し生活を保障する義務（失業援助義務）を、国に課すものであると解されており、前者に対応するものとして、職業安定法、労働施策総合推進法、障害者雇用促進法、高年齢者雇用安定法、労働者派遣法などがあり、後者に対応するものとして、雇用保険法、求職者支援法などがあるとされている。

イ　適　切。アの解説参照。

ウ　適　切。憲法27条1項が定める勤労の義務の趣旨は、国民に労働することそのものを義務付けるものではなく、国は、働く意欲のない者のためにその生存を確保する施策を講じる必要がないことを示した点にあると解されており、雇用保険法上の失業の認定が求職活動を行ったことを確認して行うとされているのは（同法15条5項）、この趣旨を受けたものである。

エ　適　切。憲法27条2項は、「賃金、就業時間、休息その他の勤労条件に関する基準は、法律でこれを定める」と規定して、労働条件の最低基準を法律で定める政策義務を国に課しており、労働基準法、船員法、最低賃金法、労働安全衛生法は、この政策義務に対応して定められたものである。

オ　不適切。憲法27条3項は、「児童は、これを酷使してはならない」と規定して、児童の酷使を防止する措置を講じる政策義務を国に課しており、労働基準法による年少者の保護規定（同法56条以下）、徒弟の弊害排除規定（69条）等は、この政策義務に対応して定められたものである。労働組合法による不当労働行為救済制度は、憲法28条が規定する労働三権の保障を具体化するものである。

正解　オ

問題4. 労働基準法上の人権擁護規定に関する以下のアからエまでの記述の
うち、最も<u>適切ではない</u>ものを1つ選びなさい。

ア. 労働基準法1条2項は、「この法律で定める労働条件の基準は最低
のものであるから、労働関係の当事者は、この基準を理由として労
働条件を低下させてはならないことはもとより、その向上を図るよ
うに努めなければならない。」と規定しているが、労働条件の低下
が社会経済情勢の変動等他に決定的な理由がある場合は、この規定
に抵触しない。

イ. 労働基準法5条は、「使用者は、暴行、脅迫、監禁その他精神又は身
体の自由を不当に拘束する手段によって、労働者の意思に反して労
働を強制してはならない。」と規定しているが、この規定に違反し
ても、労働基準法上の刑罰は科されない。

ウ. 労働基準法6条は、「何人も、法律に基いて許される場合の外、業と
して他人の就業に介入して利益を得てはならない。」と規定してい
るが、この「利益」には、使用者から利益を得る場合に限られず、
労働者又は第三者から利益を得る場合も含まれる。

エ. 労働基準法7条は、「使用者は、労働者が労働時間中に、選挙権その
他公民としての権利を行使し、又は公の職務を執行するために必要
な時間を請求した場合においては、拒んではならない。」と規定し
ているが、公民権の行使又は公の職務の執行に妨げがない限り、使
用者は、請求された時刻を変更することができる。

問題４.　　労働者の人権擁護

ア　適　切。労働基準法１条２項は、「この法律で定める労働条件の基準は最低のものであるから、労働関係の当事者は、この基準を理由として労働条件を低下させてはならないことはもとより、その向上を図るように努めなければならない。」と規定しているが、労働条件の低下が社会経済情勢の変動等他に決定的な理由がある場合は、この規定に抵触しないものとされている（S22.9.13発基17号）。

イ　不適切。労働基準法５条は、「使用者は、暴行、脅迫、監禁その他精神又は身体の自由を不当に拘束する手段によって、労働者の意思に反して労働を強制してはならない。」と規定しており、強制労働の禁止について定めているが、この違反に対しては、１年以上10年以下の懲役又は20万円以上300万円以下の罰金という、労働基準法の中で最も重い刑罰が科されている（労働基準法117条）。

ウ　適　切。労働基準法６条は、「何人も、法律に基いて許される場合の外、業として他人の就業に介入して利益を得てはならない。」と規定しており、中間搾取の排除について定めているが、ここでいう「利益」には、使用者から利益を得る場合に限られず、労働者又は第三者から利益を得る場合も含まれる（S23.3.2 基発 381号）。

エ　適　切。労働基準法７条本文は、「使用者は、労働者が労働時間中に、選挙権その他公民としての権利を行使し、又は公の職務を執行するために必要な時間を請求した場合においては、拒んではならない。」と規定しているが、同条但書は、「権利の行使又は公の職務の執行に妨げがない限り、請求された時刻を変更することができる。」と規定している。

正解　イ

問題５．労働契約に関する以下のアからオまでの記述のうち、最も<u>適切な</u>ものを１つ選びなさい。

ア．労働契約は、当事者の合意のみでは成立せず、労働契約の成立には契約書等の書面を作成して締結することが必要である。

イ．労働基準法で定める基準に達しない労働条件を定める労働契約は、その契約全体が無効となる。

ウ．判例によれば、企業者は、自己の営業のために労働者を雇用するにあたり、いかなる者を雇い入れるか、いかなる条件でこれを雇うかについて、法律その他による特別の制限がない限り、原則として自由に決定することができるが、労働者の採否決定にあたり、労働者の思想、信条を調査するために労働者からこれに関連する事項についての申告を求めることは許されない。

エ．使用者は、労働契約の不履行について違約金を定め、又は損害賠償額を予定する契約をすることができる。

オ．期間の定めのある労働契約においては、使用者は、やむを得ない事由がある場合でなければ、その契約期間が満了するまでの間は、労働者を解雇することができない。

問題 5. 　労働契約

ア　不適切。労働契約は、労働者が使用者に使用されて労働し、使用者がこれに対して賃金を支払うことについて、労働者及び使用者が合意することによって成立する諾成契約であり（労働契約法 6 条）、労働契約の当事者である労働者及び使用者は、契約書等の書面を作成しなくても、当事者間の合意によって労働契約は有効に成立する。

イ　不適切。労働基準法で定める基準に達しない労働条件を定める労働契約は、その部分については無効とされ、無効となった部分は、労働基準法で定める基準によることとなる（労働基準法 13 条）。

ウ　不適切。判例は、企業者は、雇用の自由を有し、思想、信条を理由として雇入れを拒んでも、これを違法とすることはできない以上、企業者が、労働者の採否決定にあたり、労働者の思想、信条を調査し、そのためその者からこれに関連する事項についての申告を求めることも、これを法律上禁止された違法行為とすべき理由はないとしている（最判昭 48.12.12　三菱樹脂事件）。

エ　不適切。使用者は、労働契約の不履行について違約金を定め、又は損害賠償額を予定する契約をしてはならない（労働基準法 16 条）。

オ　適　切。期間の定めのある労働契約においては、使用者は、やむを得ない事由がある場合でなければ、その契約期間が満了するまでの間は、労働者を解雇することができない（労働契約法 17 条 1 項）。

正解　オ

問題６．労働契約法の目的条文に関する次の文章中の（　　）に入る最も<u>適切な語句の組合せ</u>を、以下のアからエまでのうち１つ選びなさい。

第一条

　この法律は、労働者及び使用者の（　a　）な交渉の下で、労働契約が合意により成立し、又は変更されるという（　b　）その他労働契約に関する基本的事項を定めることにより、合理的な労働条件の決定又は変更が円滑に行われるようにすることを通じて、労働者の保護を図りつつ、（　c　）労働関係の安定に資することを目的とする。

ア．a．対等　　　　b．契約自由の原則　　　c．個別の

イ．a．対等　　　　b．合意の原則　　　　　c．集団的

ウ．a．自主的　　　b．契約自由の原則　　　c．集団的

エ．a．自主的　　　b．合意の原則　　　　　c．個別の

問題６．　　｜労働契約法の目的条文｜

第一条

　この法律は、労働者及び使用者の（a.**自主的**）な交渉の下で、労働契約が合意により成立し、又は変更されるという（b.**合意の原則**）その他労働契約に関する基本的事項を定めることにより、合理的な労働条件の決定又は変更が円滑に行われるようにすることを通じて、労働者の保護を図りつつ、（c.**個別の**）労働関係の安定に資することを目的とする。

｜正解　エ｜

11

問題７．「労働者」に関する以下のアからエまでの記述のうち、最も<u>適切では</u>
　　　　<u>ない</u>ものを１つ選びなさい。

　　ア．労働基準法は、その適用対象である「労働者」を「職業の種類を問
　　　　わず、事業又は事務所に使用される者で、賃金を支払われる者」と
　　　　定義している。

　　イ．大学教授の私設秘書が、大学教授に使用されて労働し、賃金を支払
　　　　われている場合には、労働基準法上の「労働者」に当たる。

　　ウ．研修医が医療行為等に従事する場合には、これらの行為等は病院の
　　　　開設者のための労務の遂行という側面を不可避的に有することと
　　　　なるのであり、病院の開設者の指揮監督の下にこれを行ったと評価
　　　　することができる限り、当該研修医は労働基準法上の「労働者」に
　　　　当たる。

　　エ．請負契約で新聞配達人を雇っていても実態として使用従属関係が
　　　　認められれば、当該関係は労働関係であり、当該請負人は労働基準
　　　　法上の「労働者」に当たる。

問題 7.　　　労働者

ア　適　切。労働基準法 9 条は、その適用対象である「労働者」とは、職業
　　　　　　の種類を問わず、事業又は事務所に使用される者で、賃金を支
　　　　　　払われる者と規定している。

イ　不適切。労働基準法 9 条は、その適用対象である「労働者」とは、職業
　　　　　　の種類を問わず、事業又は事務所に使用される者で、賃金を支
　　　　　　払われる者と規定している。この定義は、労働契約法 2 条 1 項
　　　　　　とほぼ同義であるが、労働基準法 9 条は、「事業又は事務所に使
　　　　　　用される者」という限定を加えている。よって、大学教授の私
　　　　　　設秘書は、労働契約法上の「労働者」に当たるが、労働基準法
　　　　　　上の「労働者」には当たらない。

ウ　適　切。判例は、「研修医がこのようにして医療行為等に従事する場合に
　　　　　　は、これらの行為等は病院の開設者のための労務の遂行という
　　　　　　側面を不可避的に有することとなるのであり、病院の開設者の
　　　　　　指揮監督の下にこれを行ったと評価することができる限り、上
　　　　　　記研修医は労働基準法 9 条所定の労働者に当たるものというべ
　　　　　　きである」としている（最判平 17.6.3　関西医科大学事件）。労
　　　　　　働基準法上の「労働者」というためには、事業主の指揮監督の
　　　　　　下で事業に従事することが要件となる。

エ　適　切。請負契約で新聞配達人を雇っていても実態として使用従属関係
　　　　　　が認められれば、配達人も労働者となり、労働基準法の適用が
　　　　　　ある（労働基準法 9 条、S22.11.27 基発 400 号）。

正解　イ

問題8. 労働基準法に規定されている就業規則の作成等に関する以下のアからオまでの記述のうち、最も<u>適切な</u>ものを1つ選びなさい。

ア. 常時10人以上の労働者を使用する使用者は、一定事項について就業規則を作成し、行政官庁に届け出なければならないが、ここでいう「労働者」には、正社員ではないパートタイム労働者や契約社員は含まれない。

イ. 常時10人以上の労働者を使用する使用者は、一定事項について就業規則を作成し、行政官庁に届け出なければならないが、「10人以上」とは、企業単位で計算される。

ウ. 就業規則は、法令又は当該事業場について適用される労働協約に反してはならず、行政官庁は、法令又は労働協約に抵触する就業規則を変更することができる。

エ. 使用者は、就業規則を常時各作業場の見やすい場所へ掲示し、又は備え付けること、書面を交付することその他の厚生労働省令で定める方法によって、労働者に周知させなければならないが、就業規則の内容について従業員の大多数が現実に知っていることまでは要せず、従業員の大多数が知り得る状態にあれば、「周知」させたといえる。

オ. 使用者は、就業規則を変更する場合には、当該事業場の労働者の過半数で組織する労働組合、それがない場合は、労働者の過半数を代表する者の同意を得なければならない。

問題8.　就業規則の作成等

ア　不適切。常時 10 人以上の労働者を使用する使用者は、一定の事項について就業規則を作成し、行政官庁に届け出なければならない(労働基準法 89 条、同法施行規則 49 条 1 項)。ここでいう「労働者」は、正社員のほか契約社員やパートタイム労働者など、雇用形態の如何を問わず当該事業場で使用されている労働者が含まれる。

イ　不適切。常時 10 人以上の労働者を使用する使用者は、一定の事項について就業規則を作成し、行政官庁に届け出なければならない(労働基準法 89 条、同法施行規則 49 条 1 項)。ここでいう「10 人以上」は、企業単位ではなく、事業場単位で計算される。

ウ　不適切。就業規則は、法令又は当該事業場について適用される労働協約に反してはならず（労働基準法 92 条 1 項）、行政官庁は、法令又は労働協約に抵触する就業規則の変更を命ずることができる（同条 2 項）。行政官庁が就業規則を変更することはできない。

エ　適　切。就業規則は、常時各作業場の見やすい場所へ掲示し、又は備え付けること、書面を交付することその他の方法によって、労働者に周知させなければならない（労働基準法 106 条 1 項）。ここでいう「周知」については、従業員の大多数が就業規則の内容を現実に知っている必要は必ずしもなく、知りうる状態にあれば足りると考えられている。

オ　不適切。使用者は、就業規則の作成または変更について、当該事業場に、労働者の過半数で組織する労働組合がある場合においてはその労働組合、労働者の過半数で組織する労働組合がない場合においては労働者の過半数を代表する者の意見を聴かなければならない（労働基準法 90 条 1 項）。同意を得ることまでは求められていない。

正解　エ

問題９．　就業規則の効力に関する以下のアからオまでの記述のうち、最も<u>適切ではない</u>ものを１つ選びなさい。

ア．労働契約において、労働者及び使用者が就業規則の内容と異なる労働条件を合意していた場合において、その労働条件が就業規則よりも有利なときは、労働契約で合意していた労働条件が優先される。

イ．判例によれば、使用者が就業規則を労働者に不利に変更した場合には、当該就業規則の条項が合理的なものであっても、これに同意しない個々の労働者はその適用を拒否することができる。

ウ．就業規則で定める基準に達しない労働条件を定める労働契約は、その部分については無効となり、無効となった部分は、就業規則で定める基準によることとなる。

エ．判例によれば、就業規則が労働者に対し、一定の事項につき使用者の業務命令に服従すべき旨を定めている場合、そのような就業規則の規定内容が合理的なものである限りにおいて、当該具体的労働契約の内容をなしているものとされる。

オ．判例によれば、就業規則は、一種の社会的規範としての性質を有するだけでなく、それが合理的な労働条件を定めているものである限り、経営主体と労働者との間の労働条件は、その就業規則によるという事実たる慣習が成立していることから、その法的規範性が認められる。

問題9. 就業規則の効力

ア 適 切。就業規則は、原則として、労働契約の内容を規律するが、労働契約において、労働者及び使用者が就業規則の内容と異なる労働条件を合意していた部分については、労働条件が就業規則で定める基準に達しない場合を除き、就業規則は労働契約の内容を規律しない（労働契約法7条）。よって、就業規則よりも有利な労働条件を定めた場合には、労働契約で合意していた労働条件が優先され、就業規則とは別個の個別的な特約として効力が認められることとなる。

イ 不適切。判例は、当該就業規則の条項が合理的なものである限り、個々の労働者において、これに同意しないことを理由としてその適用を拒否することは許されないと解すべきであるとしている（労働契約法10条、最判昭43.12.25 秋北バス事件）。

ウ 適 切。就業規則で定める基準に達しない労働条件を定める労働契約は、その部分については無効となり、無効となった部分は、就業規則で定める基準による（労働契約法12条）。

エ 適 切。判例は、就業規則が労働者に対し、一定の事項につき使用者の業務命令に服従すべき旨を定めている場合、そのような就業規則の規定内容が合理的なものである限りにおいて、当該具体的労働契約の内容をなしているものということができるとしている（最判昭61.3.13 電電公社帯広局事件）。

オ 適 切。判例は、就業規則は、一種の社会的規範としての性質を有するだけでなく、それが合理的な労働条件を定めているものである限り、経営主体と労働者との間の労働条件は、その就業規則によるという事実たる慣習が成立しているものとして、その法的規範性が認められるとしている（最判昭43.12.25 秋北バス事件）。

正解 イ

問題 10. 就業規則の絶対的必要記載事項に<u>該当しない</u>ものを、以下のアからオまでのうち1つ選びなさい。

　ア．始業および終業の時刻

　イ．休日・休暇

　ウ．賃金（臨時の賃金等を除く）の決定、計算及び支払いの方法

　エ．解雇に関する事項

　オ．退職手当の決定、計算及び支払いの方法

問題 10.　　|絶対的必要記載事項|

ア　適　切。始業および終業の時刻は、絶対的必要記載事項（いかなる場合にも必ず記載しなければならない事項）である（労働基準法 89 条 1 号、H11.3.31 基発 168 号）。

イ　適　切。休日・休暇は、絶対的必要記載事項である（労働基準法 89 条 1 号、H11.3.31 基発 168 号）。

ウ　適　切。賃金（臨時の賃金等を除く）の決定、計算及び支払いの方法は、絶対的必要記載事項である（労働基準法 89 条 2 号、H11.3.31 基発 168 号）。

エ　適　切。解雇に関する事項は、絶対的必要記載事項である（労働基準法 89 条 3 号、H11.3.31 基発 168 号）。

オ　不適切。退職手当の決定、計算及び支払の方法は、相対的必要記載事項（制度として行う場合において記載しなければならない事項）である（労働基準法 89 条 3 号の 2、H11.3.31 基発 168 号）。

|正解　オ|

問題 11. 服務規律に関する以下のアからエまでの記述のうち、最も<u>適切ではないもの</u>を1つ選びなさい。

ア. 服務規律とは、企業秩序を維持し企業の円滑な運営を図るために、労働者が企業組織の構成員として守るべきルールである。最高裁は、企業は企業秩序を定立し維持する「企業秩序定立権」を当然に有し、労働者は、使用者に雇用されることによって、使用者に対し、働く義務（労務提供義務）とともに企業秩序を遵守する義務（企業秩序遵守義務）を負うとしている。

イ. 判例によれば、使用者がその企業の従業員に対して金品の不正隠匿の摘発・防止のために行なう所持品検査は、労働基準法所定の手続を経て作成・変更された就業規則の条項に基づいて行なわれたときは、当然に有効となる。

ウ. 職場におけるモニタリング（ビデオ・オンラインによる監視等）については、情報セキュリティの見地や、従業員の職務専念義務の見地からその必要性が認められるが、他方で、モニタリングで得た情報は従業員の個人情報に該当する場合が多く、その取扱いの問題を生じ、また、過度のモニタリングや担当者による濫用的なモニタリングは、従業員のプライバシー・人格権侵害の問題を生じさせる。

エ. ソーシャルメディアへの投稿は、労働者の私生活上の行為として行われ、表現の自由（憲法21条）の領域でもあることから、使用者が労働者によるソーシャルメディアの利用・投稿を基本的に禁止することはできないとされている。

問題 11.　　服務規律

ア　適　切。服務規律とは、企業秩序を維持し企業の円滑な運営を図るために、労働者が企業組織の構成員として守るべきルールである。最高裁は、企業は企業秩序を定立し維持する「企業秩序定立権」を当然に有し、労働者は、使用者に雇用されることによって、使用者に対し、働く義務（労務提供義務）とともに企業秩序を遵守する義務（企業秩序遵守義務）を負うとしている。

イ　不適切。判例は、所持品検査が適法とされるためには、プライバシー等の保護の要請と、企業の秩序維持の必要性のバランスという観点から、①所持品検査を必要とする合理的理由に基づいて、②一般的に妥当な方法と程度で、③就業規則その他明示の根拠により、④従業員に対して画一的に実施されるものであることが求められるとしている（最判昭 43.8.2　西日本鉄道事件）。従って、就業規則に条項があることのみを持って当然に有効とすることはできない。

ウ　適　切。職場におけるモニタリング（ビデオ・オンラインによる監視等）については、情報セキュリティの見地や、従業員の職務専念義務の見地からその必要性が認められるが、他方で、モニタリングで得た情報は従業員の個人情報に該当する場合が多く、その取扱いの問題を生じ、また、過度のモニタリングや担当者による濫用的なモニタリングは、従業員のプライバシー・人格権侵害の問題を生じさせる。

エ　適　切。ソーシャルメディアへの投稿は、労働者の私生活上の行為として行われ、表現の自由（憲法 21 条）の領域でもあることから、使用者が労働者によるソーシャルメディアの利用・投稿を基本的に禁止することはできないとされている。

正解　イ

問題 12. 企業秩序に関する以下のアからエまでの記述のうち、最も<u>適切では</u><u>ない</u>ものを1つ選びなさい。

ア. 労働者が精神的な不調のために欠勤を続けている場合、使用者が、健康診断を受けさせる等の対応をとることなく、直ちにその欠勤を正当な理由なく無断でされたものとして諭旨退職の懲戒処分の措置をとることは、精神的な不調を抱える労働者に対する使用者の対応として不適切である。

イ. 使用者がその企業の従業員に対して金品の不正隠匿の摘発・防止のために行う所持品検査は、労働基準法所定の手続を経て作成・変更された就業規則の条項に基づいて行われたときは、当然に適法となる。

ウ. 一般私企業の使用者が、企業秩序維持の見地から、就業規則により職場内における政治活動を禁止することは、合理的な定めとして許される。

エ. 労働時間外に労働者が適度な休養をとることは、誠実な労務提供のための基礎的条件であり、兼業内容によっては企業の経営秩序を害する場合もあり得るので、従業員の兼業の許否について、労務提供上の支障や企業秩序への影響等を考慮した上での会社の承諾が必要である旨の規定を就業規則で定めることは有効である。

問題 12.　　企業秩序

ア　適　切。判例は、精神的な不調のために欠勤を続けていると認められる労働者に対し、使用者は、精神科医による健康診断を実施し、その診断結果等に応じて、必要な場合は治療を勧めた上で休職等の処分を検討し、その後の経過を見るなどの対応をとるべきであり、このような対応を採ることなく、直ちにその欠勤を正当な理由なく無断でされたものとして諭旨退職の懲戒処分の措置をとることは、精神的な不調を抱える労働者に対する使用者の対応としては適切なものとはいい難いとしている（最判平24.4.27　日本ヒューレット・パッカード事件）。

イ　不適切。判例は、所持品検査が適法とされるためには、プライバシー等の保護の要請と、企業の秩序維持の必要性のバランスという観点から、①所持品検査を必要とする合理的理由に基づいて、②一般的に妥当な方法と程度で、③就業規則その他明示の根拠により、④従業員に対して画一的に実施されるものであることが求められるとしている（最判昭43.8.2　西日本鉄道事件）。従って、就業規則に条項があることのみをもって当然に有効とすることはできない。

ウ　適　切。判例は、「一般私企業の使用者が、企業秩序維持の見地から、就業規則により職場内における政治活動を禁止することは、合理的な定めとして許されるべきであり、特に、合理的かつ能率的な経営を要請される公社においては、同様の見地から、就業規則において右のような規定を設けることは当然許される」としている（最判昭52.12.13　目黒電報電話局事件）。

エ　適　切。労働時間外に労働者が適度な休養をとることは、誠実な労務提供のための基礎的条件であり、兼業内容によっては企業の経営秩序を害する場合もあり得るので、従業員の兼業の許否について、労務提供上の支障や企業秩序への影響等を考慮した上での会社の承諾が必要である旨の規定を就業規則で定めることは有効である（東京地決昭57.11.19）。

正解　イ

問題 13. 労働契約の成立に関する以下のアからエまでの記述のうち、最も<u>適切ではない</u>ものを1つ選びなさい。

ア．労働契約の当事者は、労働契約の締結にあたって、契約書を作成することを必要としない。

イ．判例によれば、採用内定の段階において労働契約が成立したというためには、賃金、労働時間、勤務場所等の労働条件が具体的に特定されていなければならない。

ウ．労働契約は、労働者及び使用者が、就業の実態に応じて、均衡を考慮しつつ締結し、又は変更すべきものであるとともに、労働者及び使用者が仕事と生活の調和にも配慮しつつ締結し、又は変更すべきものとされている。

エ．判例によれば、企業者は、自己の営業のために労働者を雇用するにあたり、いかなる者を雇い入れるか、いかなる条件でこれを雇うかについて、法律その他による特別の制限がない限り、原則として自由に決定することができ、労働者の採否決定にあたり、労働者の思想、信条を調査し、そのためその者からこれに関連する事項についての申告を求めることも許される。

問題 13. 　労働契約の成立

ア　適　切。労働契約は、労働者が使用者に使用されて労働し、使用者がこれに対して賃金を支払うことについて、労働者及び使用者が合意することによって成立する諾成契約であり（労働契約法 6 条）、労働契約の当事者である労働者及び使用者は、契約書等の書面を作成しなくても、当事者間の合意によって労働契約は有効に成立する。よって、労働契約の当事者には、労働契約の締結にあたって契約書の作成義務はない。なお、労働者及び使用者は、労働契約の内容（期間の定めのある労働契約に関する事項を含む。）について、できる限り書面により確認するものとするとされている（労働契約法 4 条 2 項）。

イ　不適切。判例は、採用内定の段階において、賃金、労働時間、勤務場所等の労働条件が具体的に特定されていない場合であっても、労働の対価として賃金を支払うことについて当事者に合意が成立しているのであれば、労働契約は成立するとしている（最判昭 54.7.20　大日本印刷事件）。

ウ　適　切。労働契約は、労働者及び使用者が、就業の実態に応じて、均衡を考慮しつつ締結し、又は変更すべきものとされ（労働契約法 3 条 2 項）、また、労働者及び使用者が仕事と生活の調和にも配慮しつつ締結し、又は変更すべきものとされている（同条 3 項）。

エ　適　切。判例は、企業者は、雇用の自由を有し、思想、信条を理由として雇入れを拒んでも、これを違法とすることはできない以上、企業者が、労働者の採否決定にあたり、労働者の思想、信条を調査し、そのためその者からこれに関連する事項についての申告を求めることも、これを法律上禁止された違法行為とすべき理由はないとしている（最大判昭 48.12.12　三菱樹脂事件）。

正解　イ

問題 14. 採用内定に関する以下のアからオまでの記述のうち、最も<u>適切ではないもの</u>を1つ選びなさい。

ア. 判例によれば、採用内定の段階において労働契約が成立したというためには、必ずしも賃金、労働時間、勤務場所等の労働条件が具体的に特定されていなければならないものではない。

イ. 判例によれば、採用内定の取消しがやむを得ないものであった場合には、内定からその取消しに至る過程において、使用者が内定者に対して信義則上必要とされる説明を行わなかったとしても、使用者は当該説明義務を怠ったことを理由とする損害賠償責任を負わない。

ウ. 判例によれば、使用者が採用内定を取り消すことができるのは、使用者に留保された解約権の行使が、採用内定当時知ることができず、また知ることが期待できないような事実であって、これを理由として採用内定を取り消すことが解約権留保の趣旨、目的に照らして客観的に合理的と認められ社会通念上相当として是認することができる場合に限られる。

エ. 内定者の内定辞退は、法的には退職の意思表示に当たり、原則として、2週間後にその効力が生じる。

オ. 使用者が採用内定の取消しを行う場合、内定者に対して労働基準法上の解雇予告をする必要はない。

問題 14.　　採用内定

ア　適　切。判例は、採用内定の段階において、賃金、労働時間、勤務場所等の労働条件が具体的に特定されていない場合であっても、労働の対価として賃金を支払うことについて当事者に合意が成立しているのであれば、労働契約は成立するとしている（最判昭54.7.20　大日本印刷事件）。

イ　不適切。判例は、採用内定の取消しがやむを得ないものであった場合であっても、採用内定からその取消しに至る過程において、使用者が採用内定者に対して信義則上必要とされる説明を行わなかったときは、使用者は当該説明義務を怠ったことを理由に損害賠償責任を負うことがあるとしている（大阪地判平16.6.9パソナ[ヨドバシカメラ]事件）。

ウ　適　切。判例は、使用者が採用内定を取り消すことができるのは、採用内定当時知ることができず、また知ることが期待できないような事実であって、これを理由として採用内定を取り消すことが解約権留保の趣旨、目的に照らして客観的に合理的と認められ社会通念上相当として是認することができる場合に限られるとしている（最判昭54.7.20　大日本印刷事件）。

エ　適　切。採用内定者の内定辞退は、法的には退職の意思表示に該当し、原則として、2週間後にその効力が生じることとなる（民法627条1項）。

オ　適　切。使用者は、労働者を解雇しようとする場合においては、少なくとも30日前にその予告をしなければならない（労働基準法20条1項）が、「試の使用期間中の者」については、14日を超えて引き続き使用されるに至らなかった場合は、この解雇予告規定は適用されない（同法21条4号）。この規定との均衡上、「試の使用期間」開始前の段階に属する者である採用内定者については、労働基準法上の解雇予告規定は適用されないと考えられている。

正解　イ

問題 15. 試用期間に関する以下のアからエまでの記述のうち、最も<u>適切ではないもの</u>を１つ選びなさい。

ア．判例によれば、試用期間の法的性格は、原則として、解約権が留保された労働契約である。

イ．試用期間の長さについては法的な規制はないが、試用期間中の労働者は不安定な地位に置かれることから、その適性を判断するのに必要な合理的な期間を超えた長期の試用期間は、公序良俗に反し、その限りで無効となる場合がある。

ウ．試用期間中の労働者が 14 日を超えて引き続き使用されるに至った場合には、労働基準法上の解雇予告義務の規定が適用される。

エ．判例によれば、使用者が労働者を新規に採用するにあたって、その労働契約に期間を設けた場合、その設けた趣旨・目的が労働者の適性を評価・判断するためのものであるときは、原則として、当該期間は期間の定めのない労働契約の下における試用期間ではなく、期間の定めのある労働契約の存続期間（有期労働契約期間）であるとされる。

問題 15.　　試用期間

ア　適　切。判例は、試用期間の法的性格について、原則として、解約権が留保された労働契約（解約権留保付労働契約）であるとしている（最判昭 48.12.12　三菱樹脂事件）。

イ　適　切。試用期間の長さについては法的な規制はない。ただし、試用期間中の労働者は不安定な地位に置かれることから、その適性を判断するのに必要な合理的な期間を超えた長期の試用期間は、公序良俗（民法 90 条）に反し、その限りで無効となると解されている（名古屋地判昭 59.3.23　ブラザー工業事件）。

ウ　適　切。使用者は、労働者を解雇しようとする場合においては、少なくとも 30 日前にその予告をしなければならない（労働基準法 20 条）が、「試の使用期間中の者」ついては、14 日を超えて引き続き使用されるに至らなかった場合は、この解雇予告規定は適用されない（同法 21 条 4 号）。この規定との均衡上、「試の使用期間」開始前の段階に属する者である採用内定者については、労働基準法上の解雇予告規定は適用されないと考えられている。

エ　不適切。判例は、使用者が労働者を新規に採用するに当たり、その労働契約に期間を設けた場合において、その設けた趣旨・目的が労働者の適性を評価・判断するためのものであるときは、期間の満了により雇用契約が当然に終了する旨の明確な合意が当事者間に成立しているなどの特段の事情が認められる場合を除き、当該期間は期間の定めのある労働契約の存続期間（有期労働契約期間）ではなく、期間の定めのない労働契約下の試用期間であると解するのが相当であるとしている（最判平 2.6.5　神戸弘陵学園事件）。

正解　エ

問題 16. 労働条件の書面の交付による明示義務に関する以下のアからオまで
　　　　の記述のうち、最も<u>適切ではない</u>ものを 1 つ選びなさい。

　　ア．労働契約の期間に関する事項は、原則として書面を交付して明示し
　　　　なければならない労働条件である。

　　イ．休職に関する事項は、原則として書面を交付して明示しなければな
　　　　らない労働条件ではない。

　　ウ．明示された労働条件が事実と相違する場合には、労働者は、即時に
　　　　労働契約を解除することができる。

　　エ．昇給に関する事項は、原則として書面を交付して明示しなければな
　　　　らない労働条件である。

　　オ．労働条件の明示義務に違反した場合は、罰則が適用される。

問題 16.　　労働条件の書面の交付による明示義務

ア　適　切。労働契約の期間に関する事項は、原則として書面を交付して明
示しなければならない労働条件である（労働基準法施行規則5
条1項1号、3項・4項）。

イ　適　切。休職に関する事項は、原則として書面を交付して明示しなけれ
ばならない労働条件ではない（労働基準法施行規則5条1項11
号、3項・4項）。

ウ　適　切。明示された労働条件が事実と相違する場合には、労働者は、即
時に労働契約を解除することができる（労働基準法15条2項）。

エ　不適切。昇給に関する事項は、原則として書面を交付して明示しなけれ
ばならない労働条件ではなく（労働基準法施行規則5条3項
かっこ書）、口頭による明示でもよい。

オ　適　切。労働条件の明示義務に違反した場合、30万円以下の罰金に処さ
れることがある（労働基準法120条1号）。

正解　エ

問題 17. 配転、出向及び転籍に関する以下のアからエまでの記述のうち、最も<u>適切ではない</u>ものを 1 つ選びなさい。

ア. 判例によれば、使用者の配転命令は、業務上の必要性が存在しない場合には権利の濫用に当たり、その転勤先への異動が余人をもっては容易には替え難いという高度の必要性を認めることができない場合には、当該配転命令の業務上の必要性が否定される。

イ. 使用者が有効に配転を命じるためには、労働協約や就業規則、個別労働契約上の合意等によって、使用者の配転命令権が労働契約上根拠づけられていなければならない。

ウ. 転籍は、転籍元会社との雇用契約を終了させるものであり、転籍の対象となる社員の個別の同意が必要となる。

エ. 判例によれば、労働者がいわゆる在籍出向により出向先の指揮命令下で働いている場合において、出向元が、出向先の同意を得た上、出向関係を解消して当該労働者に対し復帰を命ずるにあたっては、特段の事由のない限り、当該労働者の同意を得る必要はない。

問題 17.　　配転・出向・転籍

ア　不適切。判例によれば、配転命令に求められる業務上の必要性について、その転勤先への異動が余人をもっては容易には替え難いという高度の必要性に限定することは相当ではなく、労働力の適正配置、業務の能率増進、労働者の能力開発、勤務意欲の高揚、業務運営の円滑化など企業の合理的運営に寄与する点が認められれば、業務上の必要性が肯定され得る（最判昭 61.7.14　東亜ペイント事件）。

イ　適　切。使用者が有効に配転を命じるためには、配転命令権が、労働協約や就業規則、個別労働契約上の合意等によって、労働契約上根拠づけられていなければならない。

ウ　適　切。転籍は、転籍元会社との雇用契約を終了させるものであるため、転籍の対象となる社員の個別的な同意が必要である。

エ　適　切。判例は、労働者がいわゆる在籍出向により出向先の指揮命令下で働いている場合において、出向元が、出向先の同意を得たうえ、出向関係を解消して当該労働者に対し復帰を命ずるにあたっては、復帰はない旨の特段の合意が成立していない限り、当該労働者の同意を得る必要はないとしている（最判昭 60.4.5 古河電気工業・原子燃料工業事件）。

正解　ア

問題 18.　休職に関する以下のアからエまでの記述のうち、最も<u>適切ではない</u>ものを１つ選びなさい。

ア．休職とは、労働者を就労させることが不適当又は不能である場合に、使用者が労働契約を維持しつつ、労働義務の一時的な免除又は就労の禁止をすることである。

イ．休職期間の長さや休職期間中の賃金の扱いについては、企業の裁量によって定めることは認められず、労働基準法上の定めによらなければならない。

ウ．傷病休職制度は、休職期間中に傷病が治癒すれば復職となり、治癒せずに休職期間が満了すれば自然退職又は解雇となる制度であり、この制度の目的は解雇猶予であるとされている。

エ．労働者が業務上の傷病により休職した場合、その療養のために休職する期間に当該労働者を解雇することは、法律上禁止されている。

問題 18.　　休職

ア　適　切。休職とは、労働者を就労させることが不適当又は不能である場合に、労働契約関係を維持しつつ、労働義務の一時的な免除又は就労の禁止をすることである。

イ　不適切。休職は、法律上の制度ではなく、労働協約や就業規則等によって定められる制度であるため、休職の種類、休職期間の長さ、休職期間中の賃金の扱いなどは、企業によって多種多様である。

ウ　適　切。傷病休職制度は、休職期間中に傷病が治癒すれば復職となり、治癒せずに休職期間が満了すれば自然退職または解雇となる制度であり、傷病休職制度の目的は解雇猶予であるとされている。

エ　適　切。使用者は、労働者が業務上負傷し、又は疾病にかかり療養のために休業する期間及びその後 30 日間は、原則として解雇してはならないとされており（労働基準法 19 条 1 項本文）、業務上の傷病による休職の場合にもこの規定が適用される。

正解　イ

問題 19. 解雇に関する以下のアからオまでの記述のうち、最も<u>適切ではない</u>ものを1つ選びなさい。

ア．労働者が解雇された場合、使用者は、当該労働者から請求があったときは、遅滞なく解雇理由の証明書を交付しなければならないが、労働者が解雇の事実のみの記載を請求したときは、使用者は同証明書において解雇理由を記載してはならない。

イ．判例によれば、使用者の責めに帰すべき事由によって解雇された労働者は、使用者に対し解雇期間中の賃金を請求することができるが、当該労働者が解雇された期間中に他で就労して得たいわゆる中間収入については、使用者が支払うべき賃金額から控除されない。

ウ．使用者が経営上の必要性による人員削減のための整理解雇を行う場合、裁判例では、原則として、人員削減の必要性、解雇回避努力、被解雇者の選定の合理性、手続の妥当性という4つの要件を満たさない限り、整理解雇は無効であるとされている。

エ．解雇は、客観的に合理的な理由を欠き、社会通念上相当であると認められない場合、解雇権の濫用に該当し、無効となる。

オ．使用者は、労働者が業務上負傷し休業している間及びその後30日間は、当該労働者を解雇してはならないのが原則であるが、労働基準法の規定に基づく打切補償を支払う場合には、当該労働者を解雇することができる。

問題 19.　　解雇

ア　適　切。解雇された労働者が、解雇理由の証明書を請求した場合には、使用者は、遅滞なくこれを交付しなければならない（労働基準法 22 条 1 項）。ただし、同証明書には、労働者の請求しない事項を記入してはならず（同条 3 項）、労働者が解雇の事実のみの記載を請求したときには、使用者は同証明書に解雇理由を記載してはならない（H11.1.29 基発 45 号）。

イ　不適切。判例によれば、使用者の責めに帰すべき事由によって解雇された労働者は、使用者に対して、民法 536 条 2 項に基づいて解雇期間中の賃金の支払を求めることができる。ただし、当該労働者が解雇された期間中に得た中間収入は、副業的なものであって解雇がなくても当然に取得し得る等の特段の事情がない限り、自己の債務を免れたことによって得た利益（民法 536 条 2 項後段）として、使用者が支払うべき賃金額から控除される（最判昭 37.7.20　米軍山田部隊事件）。

ウ　適　切。整理解雇の有効性について、裁判例では、原則として、①人員削減の必要性、②解雇回避努力、③被解雇者の選定の妥当性、④手続の妥当性という 4 つの要件を満たさなければ無効であるとの法理が用いられている（東京高判昭 54.10.29　東洋酸素事件など）。

エ　適　切。解雇は、客観的に合理的な理由を欠き、社会通念上相当であると認められない場合は、使用者はその権利を濫用したものとして、無効とされる（労働契約法 16 条）。

オ　適　切。労働者が業務上負傷しまたは疾病にかかり療養のため休業する期間およびその後の 30 日間は、使用者は、原則として、当該労働者を解雇してはならない（労働基準法 19 条 1 項本文）。ただし、使用者が、労働基準法 81 条の規定によって打切補償を支払う場合又は天災事変その他やむを得ない事由のために事業の継続が不可能となった場合においては、当該労働者を解雇することが許される（同項但書）。

正解　イ

問題 20. 解雇の予告に関する以下のアからオまでの記述のうち、最も<u>適切ではない</u>ものを1つ選びなさい。

ア. 判例によれば、労働基準法が定める解雇予告期間を置かず、解雇予告手当も支払われずに労働者の解雇の通知がなされた場合であっても、使用者が即時解雇に固執しない限り、通知から30日間が経過した時点、又は通知後に予告手当を支払った時点で、解雇の効力が生じる。

イ. 即時解雇における解雇予告手当の支払時期については、解雇の申渡しと同時に支払うべきであるとされている。

ウ. 使用者が労働者を解雇しようとする場合、原則として、少なくとも30日前に解雇予告をするか、30日分以上の平均賃金を解雇予告手当として支払わなければならないが、この解雇予告の日数は、平均賃金1日分を支払った日数だけ短縮することができる。

エ. 使用者は、天災事変その他やむを得ない事由のために事業の継続が不可能となった場合、又は労働者の責めに帰すべき事由に基づいて解雇する場合には、労働基準監督署長の認定を受けることによって、解雇の予告又は予告手当の支払いをすることなく、即時に解雇することができる。

オ. 解雇予告手当の算定の基準となる平均賃金とは、原則として、これを算定すべき事由の発生した日以前の6か月間にその労働者に対し支払われた賃金の総額を、その期間の総日数で割った金額を意味する。

問題 20.　　| 解雇の予告 |

ア　適　切。労働基準法 20 条所定の解雇予告期間を置かず、また、解雇予告
　　　　　　手当も支払われずになされた解雇の通知の効力について、判例
　　　　　　は、使用者が即時解雇に固執しない限り、通知から 30 日間が経
　　　　　　過した時点、又は通知後に予告手当を支払った時点で、解雇の
　　　　　　効力が生じるとしている（最判昭 35.3.11　細谷服装事件）。

イ　適　切。行政解釈では、即時解雇においては、少なくともその申渡しと
　　　　　　同時に解雇予告手当を支払わなければならないとされている
　　　　　　（S23.3.17　基発 464 号）。

ウ　適　切。使用者が労働者を解雇しようとする場合、原則として、少なく
　　　　　　とも 30 日前に解雇予告をするか、30 日分以上の平均賃金を解
　　　　　　雇予告手当として支払わなければならない（労働基準法 20 条
　　　　　　1 項）。この予告の日数は、1 日について平均賃金を支払った場
　　　　　　合には、その日数を短縮することができる（同条 2 項）。

エ　適　切。使用者は、天災事変その他やむを得ない事由のために事業の継
　　　　　　続が不可能となった場合、又は労働者の責めに帰すべき事由に
　　　　　　基づいて解雇する場合には、労働基準監督署長の認定を受ける
　　　　　　ことによって、解雇の予告又は予告手当の支払いをすることな
　　　　　　く、即時に解雇することができる（労働基準法 20 条 1 項・3
　　　　　　項、19 条 2 項）。

オ　不適切。解雇予告手当の算定の基準となる平均賃金とは、原則として、
　　　　　　これを算定すべき事由の発生した日以前の 3 か月間にその労働
　　　　　　者に対し支払われた賃金の総額を、その期間の総日数で除した
　　　　　　金額を意味する（労働基準法 12 条 1 項）。

| 正解　オ |

問題 21．定年制に関する以下のアからオまでの記述のうち、最も<u>適切ではない</u>ものを1つ選びなさい。

ア．定年制は、従業員の雇用尊重を最優先課題とし、かつ年功による処遇を基本とする我が国の長期雇用システムにおいて、年功による昇進秩序を維持し、かつ賃金コストを一定限度に抑制するために不可欠な制度として機能してきた。

イ．「定年解雇」の場合は、使用者が解雇の意思表示をし、これによって労働契約を終了させることであるから、労働基準法の解雇に関する規定が適用される。

ウ．定年制は、労働契約の終了を定める制度であることから、定年制を定める規定は有期労働契約の期間の定めについての規定である。

エ．早期退職優遇制度（選択定年制）は、所定の定年年齢より早期に退職する者について退職金支給率等の優遇措置を講ずることによって、早期退職を奨励する制度であり、高年齢者の進路選択とキャリア形成の支援と共に、高年齢者の排出という雇用調整的性格を有している。

オ．裁判例は、企業が合意解約による退職の制度を採用している場合、早期退職優遇制度の利用を呼び掛ける行為は、会社からの申込ではなく誘引であり、労働者の応募に対する使用者の承認が合意解約による退職の要件になるとしている。

問題 21.　　定年制

ア　適　切。定年制は、従業員の雇用尊重を最優先課題とし、かつ年功による処遇を基本とする我が国の長期雇用システムにおいて、年功による昇進秩序を維持し、かつ賃金コストを一定限度に抑制するための不可欠の制度として機能してきた。定年制は、定年を一要素とする長期雇用システムにおける長期雇用保障と年功的処遇機能が維持されている点で、合理性を有すると考えられている。

イ　適　切。「定年解雇」の場合は、使用者が解雇の意思表示をし、これによって労働契約を終了させることであるから、労働基準法の解雇に関する規定が適用される。

ウ　不適切。定年制は、定年到達前の退職や解雇が格別制限されない点で労働契約の期間の定めとは異なる。たとえば、期間の定めがある労働契約について、労働契約法 17 条 1 項は、「使用者は、期間の定めのある労働契約について、やむを得ない事由がある場合でなければ、その契約期間が満了するまでの間において、労働者を解雇することができない。」と規定しているが、定年制の場合、この規定の適用はない。よって、定年制は労働契約の終了事由に関する特殊の定め（特約）と解されている。

エ　適　切。早期退職優遇制度（選択定年制）は、所定の定年年齢より早期に退職する者について退職金支給率等の優遇措置を講ずることによって、早期退職を奨励する制度であり、高年齢者の進路選択とキャリア形成の支援と共に、高年齢者の排出という雇用調整的性格を有している。

オ　適　切。裁判例は、企業が合意解約による退職の制度を採用している場合、早期退職優遇制度の利用を呼び掛ける行為は、会社からの申込ではなく誘引であり、労働者の応募に対する使用者の承認が合意解約による退職の要件になるとしている（東京地判平 17.10.3　富士通事件）。

正解　ウ

問題 22. 退職勧奨に関する以下のアからエまでの記述のうち、最も<u>適切ではないもの</u>を1つ選びなさい。

ア．「退職勧奨」とは、人事権者が、その人事権に基づき、雇用関係にある者に対して、自発的な退職意思の形成を慫慂するためになす説得等の事実行為と解されている。

イ．人事権者が、その人事権に基づき、雇用関係にある者に対して、懲戒解雇処分や告訴があり得ることを告知し、そうなった場合の不利益を説いて退職届を提出させることは、労働者を畏怖させるに足りる強迫行為というべきであり、これによってなした労働者の退職の意思表示は瑕疵あるものとして取り消し得る。

ウ．労働者が退職の意思を有していないことを認識していながら、反省の意を強調する意味で自ら退職届を提出するような心裡留保による退職の意思表示は、会社側が労働者の真意を知り、または知ることができた場合であっても退職の効果を生じる。

エ．退職勧奨は、使用者が一方的に契約の解除を通告する解雇予告とは異なり、労働者に自発的に退職する意思を形成させるための行為であるから、勧奨される労働者は、自由な意思で勧奨による退職を拒否できる。

問題 22.　　退職勧奨

ア　適　切。「退職勧奨」とは、人事権者が、その人事権に基づき、雇用関係
　　　　　にある者に対して、自発的な退職意思の形成を慫慂するために
　　　　　なす説得等の事実行為と解されている（最判昭 55.7.10　下関
　　　　　商業高等学校事件）。

イ　適　切。強迫による退職の意思表示は取り消すことができる（民法 96
　　　　　条 1 項）とされ、この「強迫」とは、相手に畏怖を生じさせ、
　　　　　それによって意思表示をさせることである。裁判例では、懲戒
　　　　　解雇処分や告訴のあり得ることを告知し、そうなった場合の不
　　　　　利益を説いて退職届を提出させることは、労働者を畏怖させる
　　　　　に足りる強迫行為というべきであり、これによってなした労働
　　　　　者の退職の意思表示は瑕疵あるものとして取り消し得ると判定
　　　　　されている（松江地益田支判昭 44.11.18　石見交通事件）。

ウ　不適切。「心裡留保」とは、意思表示の表意者が表示行為に対応する真
　　　　　意のないことを知りながらする単独の意思表示のことであり、
　　　　　原則として有効であるが、相手方が表意者の真意を知り、又は
　　　　　知ることができたときは、その意思表示は無効となる（民法 93
　　　　　条 1 項）。心裡留保による退職の意思表示の無効を認めた裁判例
　　　　　としては、昭和女子大事件（東京地決平 4.2.6）がある。

エ　適　切。退職勧奨は、使用者が一方的に契約の解除を通告する解雇予告
　　　　　とは異なり、労働者に自発的に退職する意思を形成させるため
　　　　　の行為であるから、勧奨される労働者は、自由な意思で勧奨に
　　　　　よる退職を拒否できる。

正解　ウ

問題 23. 期間の定めのある労働契約に関する以下のアからエまでの記述のうち、最も<u>適切ではない</u>ものを１つ選びなさい。

ア．期間の定めのある労働契約の期間の上限は、原則として３年である。

イ．期間の定めのある労働契約の労働者であっても、年次有給休暇の権利を有する。

ウ．有期労働契約の期間が１年を超える労働契約を締結した労働者は、当該労働契約の期間の初日から１年を経過した日以後においては、いつでも退職することができる。

エ．専門的な知識、技術又は経験（専門的知識等）であって高度のものとして厚生労働大臣が定める基準に該当する専門的知識等を有する労働者（当該高度の専門的知識等を必要とする業務に就くか否かを問わない。）との間に締結される労働契約については、労働契約期間の上限は、５年となる。

問題 23.　　　期間の定めのある労働契約

ア　適　切。期間の定めのある労働契約の期間の上限は、原則として 3 年である（労働基準法 14 条 1 項）。

イ　適　切。期間の定めのある労働契約の労働者についても、期間の定めのない労働契約の労働者と同様に、雇入れの日から 6 か月間継続勤務し、全労働日の 8 割以上出勤することによって、年次有給休暇の権利が発生する（労働基準法 39 条 1 項）。

ウ　適　切。期間が 1 年を超える労働契約を締結した労働者は、当該労働契約の期間の初日から 1 年を経過した日以後においては、いつでも退職することができる（労働基準法附則 137 条）。

エ　不適切。労働契約期間の上限が 5 年となるのは、当該高度の専門的知識等を必要とする業務に就く者に限られる（労働基準法 14 条 1 項 1 号かっこ書）。

正解　エ

問題 24.　期間の定めのある労働契約に関する以下のアからオまでの記述の
うち、最も<u>適切ではない</u>ものを１つ選びなさい。

ア．期間の定めのある労働契約の期間の上限は、原則として３年であ
り、期間が１年を超える労働契約を締結した労働者は、当該労働契
約の期間の初日から６か月を経過した日以後においては、いつでも
退職することができる。

イ．期間の定めのある労働契約の期間に下限はなく、１日単位の労働契
約の締結も可能である。

ウ．期間の定めのある労働契約においては、使用者は、やむを得ない事
由がある場合でなければ、その契約期間が満了するまでの間は、労
働者を解雇することができない。

エ．期間の定めのある労働契約の労働者に、契約期間の満了時に当該契
約が更新されると期待することについて合理的な理由があると認
められ、契約期間の満了日までの間に、当該労働者が使用者に対し
当該契約の更新の申込みをした場合において、使用者が当該申込み
を拒絶することが客観的に合理的な理由を欠き社会通念上相当と
認められないときは、使用者は、従前の期間の定めのある労働契約
の内容である労働条件と同一の労働条件で、当該申込みを承諾した
ものとみなされる。

オ．期間の定めのある労働契約は、期間の満了により当然に終了する
が、期間が満了した後も労働者が引き続きその労働に従事し、使用
者がこれを知りながら異議を述べないときは、従前の雇用と同一の
条件でさらに雇用をしたものと推定される。

問題 24.　　期間の定めのある労働契約

ア　不適切。期間の定めのある労働契約の期間の上限は、原則として 3 年で
　　　　　　あり（労働基準法 14 条 1 項）、期間が 1 年を超える労働契約を
　　　　　　締結した労働者は、当該労働契約の期間の初日から 1 年を経過
　　　　　　した日以後においては、いつでも退職することができる（同法
　　　　　　137 条）。

イ　適　切。期間の定めのある労働契約の期間には 3 年の上限があるが（労
　　　　　　働基準法 14 条 1 項）、下限はないため、1 日単位の労働契約の
　　　　　　締結も可能である。

ウ　適　切。期間の定めのある労働契約においては、使用者は、やむを得な
　　　　　　い事由がある場合でなければ、その契約期間が満了するまでの
　　　　　　間は、労働者を解雇することができない（労働契約法 17 条 1
　　　　　　項）。

エ　適　切。期間の定めのある労働契約の労働者に、契約期間の満了時に当
　　　　　　該契約が更新されると期待することについて合理的な理由があ
　　　　　　ると認められ、契約期間の満了日までの間に、当該労働者が使
　　　　　　用者に対し当該契約の更新の申込みをした場合において、使用
　　　　　　者が当該申込みを拒絶することが客観的に合理的な理由を欠き
　　　　　　社会通念上相当と認められないときは、使用者は、従前の期間
　　　　　　の定めのある労働契約の内容である労働条件と同一の労働条件
　　　　　　で、当該申込みを承諾したものとみなされる（労働契約法 19 条
　　　　　　2 号）。

オ　適　切。期間の定めのある労働契約は、期間の満了により当然に終了す
　　　　　　るが、期間が満了した後も労働者が引き続きその労働に従事し、
　　　　　　使用者がこれを知りながら異議を述べないときは、従前の雇用
　　　　　　と同一の条件でさらに雇用をしたものと推定される（民法 629
　　　　　　条 1 項）。

正解　ア

問題 25. 労働契約法における無期転換制度に関する以下のアからエまでの記述のうち、最も<u>適切ではない</u>ものを１つ選びなさい。

ア．同一の使用者との間で締結された２つ以上の有期労働契約の契約期間を通算した期間（通算契約期間）が５年を超える労働者が、当該使用者に対し、現に締結している有期労働契約の契約期間の満了日までの間に、当該満了日の翌日から労務が提供される無期労働契約の締結の申込みをしたときは、使用者は当該申し込みを承諾したものとみなされる。

イ．無期転換申込権が行使され、無期労働契約に転換されるときの労働契約の内容である労働条件は、別段の定めがある部分を除き、契約期間が無期になる以外は、転換前の有期労働契約の内容と同一のものとなる。

ウ．通算契約期間が５年を超える労働者が、使用者に対し、無期転換申込権を行使すると、有期労働契約の満了日の翌日から労務が提供される無期労働契約が成立するが、当該労働者が、通算契約期間が５年を超えることとなる契約期間中に無期転換権を行使せず、再度、有期労働契約が更新された場合、新たに無期転換申込権は発生しない。

エ．ある使用者との間で締結された有期労働契約の契約期間の満了日と、当該使用者との間で締結されたその次の有期労働契約の契約期間の初日との間に、これらの契約期間のいずれにも含まれない空白期間が６か月以上あるときは、その空白期間より前に満了した有期労働契約の契約期間は、無期転換制度における通算契約期間に算入しない。

問題 25.　　　無期転換制度

ア　適　切。同一の使用者との間で締結された2つ以上の有期労働契約の契約期間を通算した期間が5年を超える労働者が、当該使用者に対し、現に締結している有期労働契約の契約期間の満了日までの間に、当該満了日の翌日から労務が提供される無期労働契約の締結の申込みをしたときは、使用者は当該申し込みを承諾したものとみなされる（労働契約法18条1項）。

イ　適　切。労働契約法における無期転換制度によって、有期労働契約から無期労働契約に転換された労働者の労働条件は、当該労働条件について別段の定めがない限り、契約期間を除いて、現に締結している有期労働契約の内容である労働条件と同一の労働条件となる（労働契約法18条1項）。

ウ　不適切。通算契約期間が5年を超える労働者が、使用者に対し、無期転換申込権を行使すると、有期労働契約の満了日の翌日から労務が提供される無期労働契約が成立するが、当該労働者が、通算契約期間が5年を超えることとなる契約期間中に無期転換権を行使せず、再度、有期労働契約が更新された場合は、新たに無期転換申込権が発生すると解されている（H24.8.10 基発0810第2号第5の4（2）エ）。

エ　適　切。同一使用者との間で締結された有期労働契約の契約期間の満了日と、当該使用者との間で締結されたその次の有期労働契約の契約期間の初日との間に、これらの契約期間のいずれにも含まれない空白期間が6か月以上あるときは、その空白期間より前に満了した有期労働契約の契約期間は、無期転換制度における通算契約期間に算入しない。（労働契約法18条2項）。

正解　ウ

問題 26. 懲戒処分に関する以下のアからオまでの記述のうち、最も<u>適切な</u>ものを1つ選びなさい。

ア. 懲戒処分とは、一般的に、従業員の企業秩序違反行為に対する労働関係上の不利益措置をいい、使用者は、あらかじめ就業規則において懲戒の種別及び事由を定めていない場合であっても、労働者に対して懲戒処分を科すことができる。

イ. 労働基準法上、懲戒処分の種類として、戒告・けん責、減給、出勤停止、降格、諭旨解雇・諭旨退職、懲戒解雇が定められている。

ウ. 就業規則で、労働者に対して減給の制裁を定める場合においては、その減給は、1回の額が平均賃金の1日分の半額を超え、総額が一賃金支払期における賃金の総額の10分の1を超えてはならない。

エ. 判例によれば、労働者の職場外でされた職務遂行に関係のない私生活上の行為については、企業秩序に直接の関係を有するもの及び企業の社会的評価の低下や毀損につながるおそれがあると客観的に認められるものでなくとも、企業秩序の維持確保のために、懲戒処分の対象となし得る。

オ. 判例によれば、使用者は、懲戒処分の当時に認識していなかった当該労働者の非違行為についても、事後的に、これを当該懲戒処分の理由として追加することが許されるのが原則である。

問題 26.　　懲戒処分

ア　不適切。懲戒処分とは、一般的に、従業員の企業秩序違反行為に対する労働関係上の不利益措置をいうが、使用者が労働者に対して懲戒処分を科すには、あらかじめ就業規則において懲戒の種別及び事由を定めていることが必要である。

イ　不適切。懲戒処分の種類には、戒告・けん責、減給、出勤停止、降格、諭旨解雇・諭旨退職、懲戒解雇がある。これらは労働基準法で定められているわけではなく、公序良俗（民法 90 条）に反しない範囲内で、事業場ごとに定めることができる。

ウ　適　切。就業規則で労働者に対して減給の制裁を定める場合においては、その減給は、1 回の額が平均賃金の 1 日分の半額を超え、総額が一賃金支払期における賃金の総額の 10 分の 1 を超えてはならない（労働基準法 91 条）。

エ　不適切。判例は、労働者の職場外でされた職務遂行に関係のない私生活上の行為について、企業秩序に直接の関係を有するもの及び企業の社会的評価の低下や毀損につながるおそれがあると客観的に認められるものに限り、企業秩序の維持確保のために、懲戒処分の対象となし得るとしている（最判昭 49.2.28　国鉄中国支社事件）。

オ　不適切。判例は、使用者が懲戒処分当時に認識していなかった当該労働者の非違行為は、当該懲戒処分の理由とされたものではないことから、特段の事情がない限り、事後的に懲戒処分の理由として追加することはできないとしている（最判平 8.9.26　山口観光事件）。

正解　ウ

問題 27. 公益通報者保護制度に関する以下のアからエまでの記述のうち、最も<u>適切な</u>ものを１つ選びなさい。

ア．公益通報者保護法が適用される公益通報要件である通報先は、内部通報と処分等の権限を有する行政機関への通報に分けられる。

イ．公益通報は、通報内容を裏付ける内部資料等が必要となる。

ウ．通報を行う際、通報対象事実が該当する法令名や条項を明示する必要はないが、当該通報が公益通報に該当するか否か判断できる程度に、またその後の調査や是正等が実施できる程度に具体的な事実を通報先に知らせる必要がある。

エ．公益通報者保護法違反を理由として、事業者に対し、刑罰が科される場合はあるが、行政処分が課されることはない。

問題 27. 　公益通報者保護制度

ア　不適切。公益通報者保護法が適用される公益通報要件である通報先は、①内部通報、②処分等の権限を有する行政機関への通報、③その他外部通報先への通報の3つがある（公益通報者保護法3条）。

イ　不適切。労務提供先等への通報（内部通報）は、通報対象事実が生じ、または生じようとしていると思料すれば保護されるため、通報内容を裏付ける内部資料等までは要しない（公益通報者保護法3条）。

ウ　適　切。通報を行う際、通報対象事実が該当する法令名や条項を明示する必要はないが、当該通報が公益通報に該当するか否か判断できる程度に、またその後の調査や是正等が実施できる程度に具体的な事実を通報先に知らせる必要がある。

エ　不適切。公益通報者保護法違反を理由として、事業者に対し、刑罰が科される場合や、行政処分が課される場合がある（公益通報者保護法15条、16条、21条、22条）。

正解　ウ

問題 28. 平均賃金に関する以下のアからオまでの記述のうち、最も<u>適切で</u><u>はない</u>ものを１つ選びなさい。

ア．平均賃金は、解雇の場合の予告手当や労働災害の場合の補償など、労働基準法上の金銭給付を計算する際に用いられる。

イ．賃金が、労働した日若しくは時間によって算定され、又は出来高払制その他の請負制によって定められた場合、平均賃金は、賃金の総額をその期間中に労働した日数で除した金額の 80％を下ってはならない。

ウ．平均賃金の計算の基礎となる賃金の総額には、臨時に支払われた賃金及び３か月を超える期間ごとに支払われる賃金並びに通貨以外のもので支払われた賃金で一定の範囲に属しないものは算入しない。

エ．平均賃金を算定すべき事由の発生した日以前３か月間に、育児介護休業法による休業をした期間がある場合、その日数及びその期間中の賃金は、平均賃金の計算の基礎となる期間及び賃金の総額から控除する。

オ．日々雇い入れられる者については、その従事する事業又は職業について、厚生労働大臣の定める金額を平均賃金とする。

問題 28.　　平均賃金

ア　適　切。平均賃金とは、これを算定すべき事由の発生した日以前3か月
　　　　　　　間にその労働者に対し支払われた賃金の総額を、その期間の総
　　　　　　　日数で除した金額をいう（労働基準法12条）。平均賃金は、解
　　　　　　　雇の場合の予告手当（労働基準法20条）や労働災害の場合の補
　　　　　　　償（労働基準法76条〜82条）など、労働基準法上の金銭給付
　　　　　　　を計算する際に用いられる。

イ　不適切。賃金が、労働した日若しくは時間によって算定され、又は出来
　　　　　　　高払制その他の請負制によって定められた場合、平均賃金は、
　　　　　　　賃金の総額をその期間中に労働した日数で除した金額の 60%
　　　　　　　を下ってはならない（労働基準法12条1項1号）。

ウ　適　切。平均賃金の計算の基礎となる賃金の総額には、臨時に支払われ
　　　　　　　た賃金及び3か月を超える期間ごとに支払われる賃金並びに通
　　　　　　　貨以外のもので支払われた賃金で一定の範囲に属しないもの
　　　　　　　（労働基準法施行規則2条）は算入しない（労働基準法12条4
　　　　　　　項）。

エ　適　切。平均賃金を算定すべき事由の発生した日以前3か月間に、育児
　　　　　　　介護休業法による休業をした期間がある場合、その日数及びそ
　　　　　　　の期間中の賃金は、平均賃金の計算の基礎となる期間及び賃金
　　　　　　　の総額から控除する（労働基準法12条3項4号）。

オ　適　切。日々雇い入れられる者については、その従事する事業又は職業
　　　　　　　について、厚生労働大臣の定める金額を平均賃金とする（労働
　　　　　　　基準法12条7項）。

正解　イ

問題 29. 賃金支払の諸原則に関する以下のアからオまでの記述のうち、最も<u>適切な</u>ものを 1 つ選びなさい。

ア．賃金は、通貨で支払わなければならないのが原則であるが、賃金を小切手や郵便為替によって支払うことは、通貨に準じるものとして許される。

イ．使用者は、賃金を直接労働者に支払わなければならないのが原則であるが、判例によれば、労働者が賃金債権を第三者に有効に譲渡した場合には、使用者がその譲受人に賃金を支払うことができる。

ウ．賃金は、所定の支払日に支払うことが確定している全額を支払わなければならないのが原則であるが、判例によれば、労働者が自らの自由な意思に基づいて退職金債権を放棄した場合には、使用者がその退職金を支払わないことも許される。

エ．使用者は、賃金を直接労働者に支払わなければならないのが原則であるが、労働者が未成年者である場合には、賃金をその親権者又は法定代理人に支払うことができる。

オ．賃金は毎月 1 回以上、一定の期日を定めて支払わなければならないのが原則であるが、「毎月第 4 金曜日」という支払日の定め方は、この原則に違反せず、許される。

問題 29.　　|賃金支払の諸原則|

ア　不適切。賃金は、通貨で支払われなければならないのが原則である（労働基準法 24 条 1 項本文）。ここでいう「通貨」とは、日本国において強制通用力のある貨幣を意味し、小切手や郵便為替は含まれない。したがって、賃金を小切手や郵便為替で支払うことは許されない。

イ　不適切。使用者は、賃金を直接労働者に支払わなければならないのが原則である（労働基準法 24 条 1 項本文）。判例は、使用者は、賃金債権が譲渡されている場合でも、直接労働者に対し賃金を支払わなければならず、賃金債権の譲受人は、自ら使用者に対してその支払を求めることは許されないとしている（最判昭 43.3.12　電電公社小倉電話局事件）。

ウ　適　切。賃金は、所定の支払日に支払うことが確定している全額を支払わなければならないのが原則である（労働基準法 24 条 1 項、2 項）。ただし、判例は、この原則は使用者による一方的な賃金控除を禁止するものであることから、労働者が自由な意思に基づいて退職金債権を放棄した場合には、使用者が放棄された退職金を支払わないことも許されるとしている（最判昭 48.1.19　シンガー・ソーイング・メシーン事件）。

エ　不適切。使用者は、賃金を直接労働者に支払わなければならないのが原則であり（労働基準法 24 条 1 項本文）、労働者から委任を受けた代理人や法定代理人に賃金を支払うことは、この原則に違反するため禁止されており、労働者が未成年者である場合であっても、賃金をその親権者又は法定代理人に支払うことは許されない（労働基準法 59 条参照）。

オ　不適切。賃金は、毎月 1 回以上、一定の期日を定めて支払わなければならない（労働基準法 24 条 2 項）。「毎月第 4 金曜日」という支払日の定め方は、1 年間に変動幅が 7 日間となり、労働基準法 24 条 2 項本文の趣旨である労働者の生活上の安定が害されることから、「一定の期日」を定めての支払とはいえず、許されない。

|正解　ウ|

問題 30. 賃金請求権に関する以下のアからエまでの記述のうち、最も<u>適切で</u><u>はない</u>ものを１つ選びなさい。

ア．判例によれば、賃金請求権は、労務の給付と対価的関係に立ち、一般には、労働者において現実に就労することによって初めて発生する後払的性格を有するものである。

イ．工場の焼失や主要な発注先の倒産などによって労務が履行不能となった場合、その履行不能が使用者の責めに帰すべき事由による場合には、労働者は使用者に対して賃金を請求することができるのに対して、その履行不能が使用者の責めに帰すべき事由によるものではない場合には、使用者は労働者からの賃金請求を拒否することができる。

ウ．労働基準法によれば、通常の賃金請求権は、これを行使することができる時から５年間（当分は３年間）行わない場合においては、時効によって消滅する。

エ．判例によれば、会社がその退職金規制において、同業他社に就職した退職社員に支給すべき退職金について、支給額を一般の自己都合による退職の場合の半額と定めることは、合理性のない措置である。

問題 30.　　賃金請求権

ア　適　切。判例は、賃金請求権は、労務の給付と対価的関係に立ち、一般には、労働者において現実に就労することによって初めて発生する後払的性格を有するものであるとしている（最判昭 63.3.15 宝運輸事件）。

イ　適　切。工場の焼失や主要な発注先の倒産などによって労務が履行不能となった場合における賃金請求の可否は、民法の規定に従い、その履行不能について労務の債権者である使用者の責めに帰すべき事由があるか否かによって決することとなる。すなわち、その履行不能が使用者の責めに帰すべき事由による場合には、労働者は使用者に対して賃金を請求することができる（民法 536 条 2 項）のに対して、その履行不能が使用者の責めに帰すべき事由によるものではない場合には、使用者は労働者からの賃金請求を拒否することができる（同条 1 項）。

ウ　適　切。かつては、通常の賃金請求権は 2 年、退職金請求権は 5 年の消滅時効にかかるものとされていたが、令和 2 年（2020 年）4 月施行の改正民法にあわせて労働基準法も改正され、通常の賃金請求権も退職金請求権も、これを行使することができる時から 5 年の消滅時効にかかるものとなっている（労働基準法 115 条）。

エ　不適切。判例は、会社がその退職金規制において、当該制限に反して同業他社に就職した退職社員に支給すべき退職金につき、その点を考慮して、支給額を一般の自己都合による退職の場合の半額と定めることも、本件退職金が功労報償的な性格を併せ有することにかんがみれば、合理性のない措置であるとすることはできないとしている（最判昭 52.8.9　三晃社事件）。

正解　エ

問題 31. 最低賃金制度に関する以下のアからオまでの記述のうち、最も<u>適切</u>
<u>ではない</u>ものを 1 つ選びなさい。

ア．結婚手当等の臨時に支払われる賃金や、賞与等の 1 か月を超える期間ご
とに支払われる賃金は、最低賃金の規制の対象とはならない。

イ．最低賃金の適用を受ける労働者と使用者との間の労働契約で最低賃金額
に達しない賃金を定めるものは、その部分については無効であり、無効
となった部分は、最低賃金と同様の定めをしたものとみなされる。

ウ．使用者は、最低賃金の適用を受ける労働者に対し、その最低賃金額以上
の賃金を支払わなければならず、試用期間中の者に対して、最低賃金額
から一定の額を減額した額で最低賃金を支払うことは禁止されている。

エ．特定最低賃金とは、特定の産業について、地域別最低賃金より金額水準
の高い最低賃金を定めることが必要と認めるものについて設定される最
低賃金をいう。

オ．地域別最低賃金は、地域における労働者の生計費及び賃金並びに通常の
事業の賃金支払能力を考慮して定めなければならず、労働者の生計費を
考慮するに当たっては、労働者が健康で文化的な最低限度の生活を営む
ことができるよう、生活保護に係る施策との整合性に配慮するものとさ
れている。

問題 31.　　最低賃金制度

ア　適　切。結婚手当等の臨時に支払われる賃金や、賞与等の1か月を超える期間ごとに支払われる賃金は、最低賃金の規制の対象とはならない（最低賃金法4条3項1号、同法施行規則1条1項）。

イ　適　切。最低賃金の適用を受ける労働者と使用者との間の労働契約で最低賃金額に達しない賃金を定めるものは、その部分については無効であり、無効となった部分は、最低賃金と同様の定めをしたものとみなされる（最低賃金法4条2項）。

ウ　不適切。使用者は、最低賃金の適用を受ける労働者に対し、その最低賃金額以上の賃金を支払わなければならないが、試の使用期間中の者等一定の者については、最低賃金額から一定の額を減額した額で最低賃金を支払うことができる場合がある（最低賃金法7条2号）。

エ　適　切。特定最低賃金とは、特定の産業について、地域別最低賃金より金額水準の高い最低賃金を定めることが必要と認めるものについて設定される最低賃金をいう（最低賃金法15条1項、16条参照）。

オ　適　切。地域別最低賃金は、地域における労働者の生計費及び賃金並びに通常の事業の賃金支払能力を考慮して定めなければならず、労働者の生計費を考慮するに当たっては、労働者が健康で文化的な最低限度の生活を営むことができるよう、生活保護に係る施策との整合性に配慮するものとされている（最低賃金法9条2項・3項）。

正解　ウ

問題 32. 休業手当に関する以下のアからエまでの記述のうち、最も<u>適切では</u><u>ない</u>ものを１つ選びなさい。

ア. 使用者の責めに帰すべき事由による休業の場合、使用者は当該労働者に平均賃金の 60%以上の休業手当を支払わなければならない。

イ. 労働者派遣中の労働者の休業手当について、使用者の責に帰すべき事由があるかどうかの判断は、派遣先の使用者についてなされる。

ウ. 原料の不足による資材入手が困難であることを理由とする操業停止による休業の場合、使用者は休業手当の支払義務を負う。

エ. 休業手当における「休業」とは、労働契約上の労働義務がある時間について労働をなすことができなくなることをいい、丸１日の休業のほか、１日の所定労働時間の一部のみの休業も含む。

問題 32.　　休業手当

ア　適　切。使用者の責めに帰すべき事由による休業の場合においては、使用者は当該労働者に平均賃金の 100 分の 60 以上の手当を支払わなければならない（労働基準法 26 条）。

イ　不適切。労働者派遣中の労働者の休業手当について、使用者の責めに帰すべき事由があるかどうかの判断は、派遣元の使用者についてなされる（労働基準法 26 条、S61.6.6 基発 333 号）。

ウ　適　切。休業手当の支払義務を発生させる休業の事由としては、機械の検査、原料不足、流通機構の不円滑による資材の入手困難や監督官庁の勧告による操業停止、親会社の経営難のための資金・材料の獲得困難などが考えられる（S23.6.11 基収 1998 号）。したがって、原料の不足による資材入手が困難であることを理由とする操業停止の休業の場合、使用者は休業手当の支払義務を負う。

エ　適　切。休業手当における「休業」とは、労働契約上の労働義務がある時間について労働をなすことができなくなることをいい、丸 1 日の休業のほか、1 日の所定労働時間の一部のみの休業も含む（S27.8.7 基収 3445 号）。

正解　イ

問題 33. 未払賃金の立替払制度に関する以下のアからエまでの記述のうち、最も<u>適切ではない</u>ものを1つ選びなさい。

ア. 未払賃金の立替払制度は、労働者とその家族の生活の安定を図る国のセーフティネットとして、企業倒産に伴い賃金が支払われないまま退職した労働者等に対し、賃金の支払の確保等に関する法律に基づいて、その未払賃金の一部を政府が事業主に代わって立替払する制度である。

イ. 立替払の対象となる未払賃金は、退職日の6か月前の日から独立行政法人労働者健康安全機構に対する立替払請求日の前日までの間に支払期日が到来している定期賃金及び賞与であって、未払となっているものである。

ウ. 立替払の対象となる未払賃金の総額は、退職日の年齢により上限額が定められ、実際に立替払が行われる賃金の額は、立替払対象賃金中の未払総額の80%に相当する額である。

エ. 労働者が未払い賃金の立替払いを受けるためには、当該未払い賃金を発生させた事業が労働者災害補償保険の適用事業であり、かつ事業が1年以上継続されていたことを必要とする。

問題 33.　　未払賃金の立替払制度

ア　適　切。政府は、労働者災害補償保険の適用事業に該当する事業（適用
　　　　　　　期間 1 年以上）の事業主が破産手続開始の決定を受け、その他
　　　　　　　政令で定める事由に該当することとなった場合において、当該
　　　　　　　事業に従事する労働者で破産手続開始等の申立てがあった日な
　　　　　　　どの 6 か月前の日から 2 年間に当該事業を退職したものに係る
　　　　　　　未払賃金があるときは、当該労働者（労働基準監督署長の確認
　　　　　　　を受けた者に限る）の請求に基づき、当該未払賃金に係る債務
　　　　　　　のうち政令で定める範囲内のものを当該事業主に代わって弁済
　　　　　　　するものとする（賃金支払確保法 7 条）。

イ　不適切。未払賃金総額とは、基準退職日以前の労働に対する労働基準法
　　　　　　　24 条 2 項本文の賃金及び基準退職日にした退職に係る退職手
　　　　　　　当であって、基準退職日の 6 か月前の日から独立行政法人労働
　　　　　　　者健康安全機構に対する立替払請求日の前日までの間に支払期
　　　　　　　日が到来し、当該支払期日後まだ支払われていないものの額の
　　　　　　　総額をいう（賃金支払確保法 7 条、令 4 条 2 項）。対象となるの
　　　　　　　は、定期賃金と退職金であり、賞与は立替払の対象にならない。

ウ　適　切。立替払の対象となる未払賃金の総額は、退職日の年齢により上
　　　　　　　限額が定められ、実際に立替払が行われる賃金の額は、立替払
　　　　　　　対象賃金中の未払総額の 80％に相当する額である（賃金支払確
　　　　　　　保法施行令 4 条 1 項）。

エ　適　切。未払い賃金の立替払いを受けるためには、当該未払い賃金を発
　　　　　　　生させた事業が労働者災害補償保険の適用事業であり、かつ事
　　　　　　　業が 1 年以上継続されていたことを必要とする（賃金支払確保
　　　　　　　法 7 条、則 7 条）。

正解　イ

問題 34. 退職金規則の有効性に関する次の文章中の（　　）に入る<u>適切な</u>
<u>語句の組合せ</u>を、以下のアからエまでのうち１つ選びなさい。

> 　会社が営業担当社員に対し退職後の同業他社への就職をある程度の
> 期間制限することをもって直ちに社員の（　a　）等を不当に拘束す
> るものとは認められず、したがって、会社がその退職金規則において、
> 上記制限に反して同業他社に就職した退職社員に支給すべき退職金に
> つき、その点を考慮して、支給額を一般の自己都合による退職の場合
> の半額と定めることも、当該退職金が（　b　）な性格を併せ有する
> ことにかんがみれば、合理性のない措置であるとすることはできない。

（最判昭 52.8.9　三晃社事件）

ア．a．職業の自由　　　　b．功労報償的

イ．a．職業の自由　　　　b．賃金後払い的

ウ．a．勤労の自由　　　　b．賃金後払い的

エ．a．勤労の自由　　　　b．功労報償的

問題 34.　　　退職金規則

会社が営業担当社員に対し退職後の同業他社への就職をある程度の期間制限することをもって直ちに社員の（a．**職業の自由**）等を不当に拘束するものとは認められず、したがって、会社がその退職金規則において、上記制限に反して同業他社に就職した退職社員に支給すべき退職金につき、その点を考慮して、支給額を一般の自己都合による退職の場合の半額と定めることも、当該退職金が（b．**功労報償的**）な性格を併せ有することにかんがみれば、合理性のない措置であるとすることはできない。

正解　ア

問題 35. 労働時間に関する以下のアからオまでの記述のうち、最も<u>適切ではないもの</u>を１つ選びなさい。

ア．判例によれば、始業前又は終業後の労働者の作業服及び保護具等の着脱に要する時間は、それが社会通念上必要と認められるものである限り、労働基準法上の労働時間に該当する。

イ．労働基準法上の労働時間規制については、事業場を異にする場合においては労働時間を通算して計算することとされており、同一使用者の下で事業場を異にする場合のみならず、別使用者の下で事業場を異にする場合も通算して計算する。

ウ．労働者が使用者の実施する教育に参加することについて、就業規則上の制裁等の不利益取扱いによる出席の強制がなく自由参加のものであれば、時間外労働とはならない。

エ．判例によれば、労働基準法上の労働時間とは、労働者が使用者の指揮命令下に置かれている時間をいい、労働時間該当性は、労働契約、就業規則、労働協約等の定めに従って決定されるべきものではない。

オ．判例によれば、ビル警備員が夜間の事業場内の仮眠室において待機を命じられ、一定程度の頻度で生じる警報や電話等に対して直ちに相当の対応をすることを義務づけられているが、実作業への従事がその必要が生じた場合に限られており、実作業に従事していない時間は仮眠することが認められている場合には、当該実作業に従事していない仮眠時間は労働基準法上の労働時間に該当しない。

問題 35. 　労働時間

ア　適　切。判例は、始業前又は終業後の作業服及び保護具等の着脱等は、使用者の指揮命令下に置かれたものと評価することができ、当該行為に要する時間は、それが社会通念上必要と認められるものである限り、労働基準法上の労働時間に該当するとしている（最判平12.3.9　三菱重工業長崎造船所事件）。

イ　適　切。労働時間は、事業場を異にする場合においても、労働時間に関する規定の適用については通算して計算される（労働基準法38条1項）。ここでいう労働時間が通算して計算されることになる「事業場を異にする場合」について、行政解釈は、同一使用者の下で事業場を異にする場合のみならず、別使用者の下で事業場を異にする場合も含まれるとしている（S23.5.14　基発769号）。

ウ　適　切。労働者が就業時間外に使用者の実施する教育に参加することについて、就業規則上の制裁等の不利益取扱いによる出席の強制がなく自由参加のものであれば、時間外労働とはならない（労働基準法32条、S26.1.20　基収2875号）。

エ　適　切。判例は、「労働基準法上の労働時間とは、労働者が使用者の指揮命令下に置かれている時間をいい、右の労働時間に該当するか否かは、労働者の行為が使用者の指揮命令下に置かれたものと評価することができるか否かにより客観的に定まるものであって、労働契約、就業規則、労働協約等の定めのいかんにより決定されるべきものではない」としている（最判平12.3.9　三菱重工業長崎造船所事件）。

オ　不適切。判例は、ビル警備員の夜間の仮眠時間について、事業場内の仮眠室での待機と警報や電話等への対応を義務づけられている場合は、実作業への従事がその必要が生じた場合に限られており、実作業に従事していない時間は仮眠することが認められているとしても、仮眠時間については労働からの解放が保障されていない時間であり、使用者の指揮命令下にある時間であるから、労働基準法上の労働時間に該当するとしている（最判平14.2.28　大星ビル管理事件）。

正解　オ

問題 36. 「勤務間インターバル」に関する次の文章中の（　　）に入る<u>適切</u>
<u>な語句の組合せ</u>を、以下のアからエまでのうち１つ選びなさい。

> 「勤務間インターバル」とは、勤務終了後、一定時間以上の「休息時間」を設けることで、働く方の生活時間や睡眠時間を確保することである。2018 年 6 月 29 日に成立した「働き方改革関連法」に基づき、「（　a　）」が改正され、前日の終業時刻から翌日の始業時刻の間に一定時間の休息を確保することが事業主の（　b　）として規定された。
>
> 現在厚生労働省では、過重労働の防止及び長時間労働の抑制を目的として、勤務間インターバルを導入した中小企業に助成金を交付しているが、支給対象となる企業の取組の１つとして、勤務間の休息時間数を少なくとも（　c　）になるよう設定しなければならない。

ア．a．労働時間等設定改善法　　　b．努力義務　　　c．9 時間

イ．a．労働時間等設定改善法　　　b．義務　　　　c．11 時間

ウ．a．労働基準法　　　　　　　　b．義務　　　　c．9 時間

エ．a．労働基準法　　　　　　　　b．努力義務　　　c．11 時間

問題 36.　　　勤務間インターバル

　「勤務間インターバル」とは、勤務終了後、一定時間以上の「休息時間」を設けることで、働く方の生活時間や睡眠時間を確保することである。2018年6月29日に成立した「働き方改革関連法」に基づき、「（a.**労働時間等設定改善法**）」が改正され、前日の終業時刻から翌日の始業時刻の間に一定時間の休息を確保することが事業主の（b.**努力義務**）として規定された（労働時間等の設定の改善に関する特別措置法2条）。

　現在厚生労働省では、過重労働の防止及び長時間労働の抑制を目的として、勤務間インターバルを導入した中小企業に助成金を交付しているが、支給対象となる取組の1つとして、勤務間の休息時間数を少なくとも（c.**9時間**）になるよう設定しなければならない（厚生労働省『時間外労働等改善助成金（勤務間インターバル導入コース）』）。

正解　ア

問題 37. 休憩時間に関する以下のアからエまでの記述のうち、最も<u>適切な</u>ものを1つ選びなさい。

ア．休憩時間は、一括継続した時間として付与しなければならず、分割して付与することは許されない。

イ．休憩時間は、労働時間の途中に付与するのが原則であるが、労働時間の終了後に休憩を与えることも許される。

ウ．判例によれば、使用者が労働者に対し休憩時間を与える義務を履行しなかった場合には、休憩時間を与える債務の不履行となり、使用者は、労働者が休憩をしなかったことによる肉体的精神的苦痛の損害を賠償する責任を負う。

エ．使用者は、労働者に対し、休憩時間を自由に利用させなければならず、労働者が休憩時間中に外出することも原則として自由であることから、労働者が事業場内で自由に休憩することができる場合であっても、労働者の休憩時間中の外出を許可制とすることは許されない。

問題 37.　　休憩時間

ア　不適切。労働基準法は、休憩時間を一括継続した時間で付与することを義務付けておらず（労働基準法 34 条を参照）、例えば、1 時間の休憩時間を 30 分の 2 回に分けるといったように、休憩時間を分割して付与することも許される。

イ　不適切。使用者は、1 日の労働時間が 6 時間を超え、8 時間以内の場合には少なくとも 45 分間、8 時間を超える場合には少なくとも 1 時間の休憩を、労働時間の途中に付与しなければならない（労働基準法 34 条 1 項）。したがって、例えば、午前 10 時からの 8 時間労働の場合に、午後 6 時まで勤務させた後に 45 分間を休憩とするような、労働時間の終了後に休憩を与えることは許されない。

ウ　適　切。判例は、使用者が労働者に対し、労働基準法や労働協約、就業規則上の休憩時間を与える義務を履行しなかった場合には、休憩時間を与える債務の不履行となり、使用者は、労働者が休憩をしなかったことによる肉体的精神的苦痛の非財産的損害を賠償する責任を負うとしている（最判昭 54.11.13　住友化学工業事件）。

エ　不適切。使用者は、休憩時間を自由に利用させなければならない（労働基準法 34 条 3 項）。したがって、労働者が休憩時間中に外出することは原則として自由であるが、行政解釈は、労働者が事業場内で自由に休憩することができる限り、休憩時間中の労働者の外出を許可制とすることは違法ではないとしている（S23.10.30　基発 1575 号）。

正解　ウ

問題 38. 休日に関する以下のアからエまでの記述のうち、最も<u>適切な</u>ものを
　　　　 1つ選びなさい。

ア．労働基準法上、使用者は、労働者に対して、毎週特定の曜日を休日
　　として定めたうえで、原則として毎週少なくとも1回の休日を与え
　　なければならない。

イ．休日とは、労働者が労働契約において労働義務を負わない日、又は
　　労働日を労働日としたまま就労させない日をいう。

ウ．使用者が労働者に休日労働をさせた場合に、その代わりとしてそ
　　の後の労働日の労働義務を免除することを代休といい、使用者が代
　　休を与えても、当該休日労働についての割増賃金の支払義務は免除
　　されない。

エ．休日の振替とは、休日があらかじめ就業規則等によって特定されて
　　いる場合において、その日を労働日とし、別の日（労働日）を休日
　　として入れ替えることをいい、使用者は、自由に休日の振替を行う
　　ことができるのが原則である。

問題 38.　休日

ア　不適切。使用者は、労働者に対して、原則として毎週少なくとも1回の休日を与えなければならないが（労働基準法35条1項）、週休日をどの日に位置づけるかについては、労働基準法は特に義務付けていないため、毎週特定の曜日を休日として定めることは義務付けられていない。

イ　不適切。休日とは、労働者が労働契約において労働義務を負わない日をいう。労働日を労働日としたまま就労させない日は、休業日であって、休日ではない。

ウ　適　切。使用者が労働者に休日労働をさせた場合に、その代わりとしてその後の労働日の労働義務を免除することを代休といい、使用者が代休を与えた場合であっても、休日労働についての割増賃金の支払義務は免除されない。

エ　不適切。休日の振替とは、休日があらかじめ就業規則等によって特定されている場合において、その日を労働日とし、別の日（労働日）を休日として入れ替えることをいうが、休日の振替によって、1週1日又は4週4日の休日が確保されないと、労働基準法35条に抵触することになるので、使用者は自由に休日の振替を行うことができるわけではない。

正解　ウ

問題 39. 時間外労働及び休日労働に関する以下のアからエまでの記述のうち、最も<u>適切ではない</u>ものを１つ選びなさい。

ア．時間外労働及び休日労働による割増賃金の算定の基礎となる賃金には、家族手当や通勤手当は含まれない。

イ．判例によれば、労働基準法の定める割増賃金のうち、深夜労働に対する割増賃金については、管理監督者にも適用される。

ウ．時間外労働及び休日労働による割増賃金算定の基礎となる賃金は、通常の労働時間又は労働日の賃金により算定される。

エ．休日労働と深夜労働が重なる場合、重なる部分については６割以上の割増賃金を支払わなければならず、休日労働中に１日８時間を超える労働が行われた場合も、８時間を超える部分については６割以上の割増賃金を支払わなければならない。

問題 39.　　　時間外労働及び休日労働

ア　適　切。時間外労働・休日労働による割増賃金の算定の基礎となる賃金には、家族手当や通勤手当その他の法務省令で定める賃金は算入されない（労働基準法 37 条 5 項）。

イ　適　切。判例は、労働基準法 37 条の定める割増賃金のうち、深夜労働に対する割増賃金については、その趣旨から、管理監督者にも適用されるとしている（最判平 21.12.18 ことぶき事件）。

ウ　適　切。時間外労働及び休日労働による割増賃金算定の基礎となる賃金は、通常の労働時間又は労働日の賃金により算定される（労働基準法 37 条 1 項、同法施行規則 19 条）。

エ　不適切。休日労働と深夜労働が重なる場合、重なる部分については 6 割以上の割増賃金を支払わなければならない（労働基準法施行規則 20 条 2 項）。これに対し、休日労働中に 1 日 8 時間を超える労働が行われた場合においては、休日における労働には休日労働に関する規制のみが及ぶのであって、時間外労働に関する規制は及ばないことから、8 時間を超える部分については 3 割 5 分以上の割増賃金を支払えばよいこととなる。

正解　エ

問題 40. 割増賃金と割増率に関する以下のアからエまでの記述のうち、最も<u>適切ではない</u>ものを 1 つ選びなさい。

ア. 時間外・休日・深夜労働の割増賃金の支払義務に違反した使用者に対し、裁判所は、労働者の請求により、未払金と同一額までの範囲で付加金の支払いを命ずることができる。

イ. 時間外・休日・深夜労働の割増賃金の支払義務に違反した場合は、6 か月以下の懲役又は 30 万円以下の罰金に処せられる。

ウ. 使用者は、労働者に対して、深夜に労働させた場合は 2 割 5 分以上の率、法定休日に労働させた場合は 3 割 5 分以上の率の割増賃金を支払わなければならない。

エ. 判例は、歩合給の額が、時間外及び深夜の労働を行った場合において増額されるものではなくても、通常の労働時間の賃金に当たる部分と時間外及び深夜の割増賃金に当たる部分とを判別することができないときは、この歩合給の支給によって、時間外及び深夜の割増賃金が支払われたものと解している。

問題 40.　　割増賃金と割増率

ア　適　切。時間外・休日・深夜労働の割増賃金の支払義務に違反した使用者に対し、裁判所は、労働者の請求により、未払金と同一額までの範囲で付加金の支払いを命ずることができる（労働基準法114 条）。

イ　適　切。時間外・休日・深夜労働の割増賃金の支払義務に違反した場合は、6 か月以下の懲役又は 30 万円以下の罰金に処せられる（労働基準法 37 条、119 条 1 号）。

ウ　適　切。深夜労働（午後 10 時から翌日の午前 5 時までの間の労働、厚生労働大臣が必要であると認める場合においては、午後 11 時から午前 6 時までの間の労働）をさせた場合は 2 割 5 分以上の割増賃金を支払わなければならない（労働基準法第 37 条 4 項）。法定休日労働について、割増率は 3 割 5 分以上の率とされている（労働基準法 37 条 1 項、労働基準法第 37 条第 1 項の時間外及び休日の割増賃金に係る率の最低限度を定める政令）。

エ　不適切。判例は、歩合給の額が、時間外及び深夜の労働を行った場合においても増額されるものではなく、通常の労働時間の賃金に当たる部分と時間外及び深夜の割増賃金に当たる部分とを判別することもできないものであった場合には、この歩合給の支給によって、時間外及び深夜の割増賃金が支払われたとすることは困難なものというべきであり、労働基準法 37 条及び同法施行規則 19 条 1 項 6 号の規定に従って計算した額の割増賃金を支払う義務がある」としている（最判平 6.6.13　高知県観光事件）。

正解　エ

問題 41. 時間外労働・休日労働・深夜労働をさせた場合の割増賃金率に関する次の図の（　　）に入る<u>適切な</u>数字の組合せを、以下のアからオまでのうち１つ選びなさい。

・休日（法定休日）の前日に深夜残業を行い、翌日に至った場合

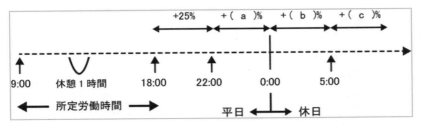

ア．a．50　　　b．60　　　c．50

イ．a．25　　　b．50　　　c．25

ウ．a．50　　　b．60　　　c．35

エ．a．25　　　b．50　　　c．35

オ．a．50　　　b．85　　　c．60

問題 41.　　割増賃金率

a．25％（時間外労働割増賃金）＋25％（深夜割増賃金）＝　50％
b．25％（深夜割増賃金）＋35％（休日労働割増賃金）＝　60％
c．休日労働割増賃金 35％

【関連条文】

①深夜労働（午後 10 時から翌日の午前 5 時までの間の労働、厚生労働大臣が必要であると認める場合においては、午後 11 時から午前 6 時までの間の労働）をさせた場合は 2 割 5 分以上の割増賃金を支払わなければならない（労働基準法 37 条 4 項）。午後 10 時から翌日の午前 0 時までの間は、時間外労働の割増率（25％）に深夜労働の割増率（25％）を加算して 50％以上の割増賃金を支払わなければならない。

②休日労働について、割増率は 3 割 5 分以上の率とされている（労働基準法 37 条 1 項、労働基準法 37 条 1 項の時間外及び休日の割増賃金に係る率の最低限度を定める政令）。なお、翌日の午前 0 時から午前 5 時までの間は、深夜労働の割増率（25％）に休日労働割増率（35％）を加算して 60％以上の割増賃金を支払わなければならない。

　従って、a は 50％、b は 60％、c は 35％となるため正解は肢ウとなる。

正解　ウ

問題 42.　過労死に関する以下のアからエまでの記述のうち、最も<u>適切ではないもの</u>を１つ選びなさい。

ア．過労死等防止対策推進法における「過労死等」とは、業務における過重な負荷による脳血管疾患若しくは心臓疾患を原因とする死亡若しくは業務における強い心理的負荷による精神障害を原因とする自殺による死亡又はこれらの脳血管疾患若しくは心臓疾患若しくは精神障害をいう。

イ．過労死した労働者の遺族は、労働者災害補償保険法に基づく労災保険給付を受けることができるが、事業主は、当該労災保険の受給を理由に、労働基準法 79 条で定められた遺族に対する民事上の損害賠償責任を免れることはできない。

ウ．使用者は、その雇用する労働者に従事させる業務を定めて管理するに際し、業務の遂行に伴う疲労や心理的負荷等が過度に蓄積して労働者の心身の健康を損なうことがないよう注意する義務を負い、また、使用者に代わって労働者に対し業務上の指揮監督を行う権限を有する者は、使用者の当該注意義務の内容に従って、その権限を行使すべきであるとしている。

エ．過労死による損害賠償請求につき、企業等に雇用される労働者の性格は多様であり、特定の労働者の性格が同種の業務に従事する労働者の個性の多様さとして通常想定される範囲を外れるものでない限り、その性格及びこれに基づく業務遂行の態様等が業務の過重負担に起因して当該労働者に生じた損害の発生又は拡大に寄与したとしても、賠償額の決定上斟酌できないとしている。

問題 42.　　　過労死

ア　適　切。過労死等防止対策推進法における「過労死等」とは、業務にお
　　　　　　　ける過重な負荷による脳血管疾患若しくは心臓疾患を原因とす
　　　　　　　る死亡若しくは業務における強い心理的負荷による精神障害を
　　　　　　　原因とする自殺による死亡又はこれらの脳血管疾患若しくは心
　　　　　　　臓疾患若しくは精神障害をいう。

イ　不適切。過労死した労働者の遺族は、労働災害補償保険法に基づく労災
　　　　　　　保険給付を受けることができるが、事業者は、この労災保険給
　　　　　　　付の範囲で損害賠償責任を免れると解されている（労働基準法
　　　　　　　84 条 2 項の類推適用）。

ウ　適　切。判例は、使用者は、その雇用する労働者に従事させる業務を定
　　　　　　　めて管理するに際し、業務の遂行に伴う疲労や心理的負荷等が
　　　　　　　過度に蓄積して労働者の心身の健康を損なうことがないよう注
　　　　　　　意する義務を負い、また、使用者に代わって労働者に対し業務
　　　　　　　上の指揮監督を行う権限を有する者は、使用者の当該注意義務
　　　　　　　の内容に従って、その権限を行使すべきであるとしている（最
　　　　　　　判平 12.3.24　電通事件）。

エ　適　切。判例は、過労死による損害賠償請求につき、企業等に雇用され
　　　　　　　る労働者の性格は多様であり、特定の労働者の性格が同種の業
　　　　　　　務に従事する労働者の個性の多様さとして通常想定される範囲
　　　　　　　を外れるものでない限り、その性格及びこれに基づく業務遂行
　　　　　　　の態様等が業務の過重負担に起因して当該労働者に生じた損害
　　　　　　　の発生または拡大に寄与したとしても、賠償額の決定上斟酌で
　　　　　　　きないとしている（最判平 12.3.24　電通事件）。

正解　イ

問題 43. 事業場外労働のみなし労働時間制に関する以下のアからエまでの
　　　　記述のうち、最も<u>適切な</u>ものを1つ選びなさい。

ア．事業場外における労働であって、複数の労働者の中に労働時間を管
　　理する者がいて、その者の具体的指示を受けて業務を行い、帰社す
　　る場合、事業場外労働のみなし労働時間制の適用対象とはならない。

イ．事業場外労働のみなし労働時間制に関する規定が適用される場合
　　には、労働基準法上の休憩、深夜業、休日に関する規定は適用され
　　ない。

ウ．テレワークが自宅で行われており、テレワークで使用しているパソ
　　コンが使用者の指示により常時通信可能な状態となっておらず、か
　　つ、テレワークが、随時使用者の具体的な指示に基づいて行われて
　　いない場合であっても、事業場外労働のみなし労働時間制の適用対
　　象とはならない。

エ．労働者が労働時間の全部又は一部について事業場外で業務に従事
　　した場合において、当該業務を遂行するためには通常所定労働時間
　　を超えて労働することが必要となるときであっても、労働時間を算
　　定し難いときは、所定労働時間労働したものとみなされる。

問題 43. 事業場外労働のみなし労働時間制

ア 適 切。事業場外における労働であっても、複数の労働者が事業場外で
　　　　　労働を行う場合で、その中に労働時間を管理する者がいて、そ
　　　　　の者の具体的指示を受けて業務を行い、帰社する場合などは、
　　　　　労働時間の算定が困難とはいえないから、事業場外労働のみな
　　　　　し労働時間制は適用されない（労働基準法 38 条の 2）。

イ 不適切。事業場外労働のみなし労働時間制に関する規定が適用される場
　　　　　合であっても、休憩、深夜業、休日に関する規定の適用は排除
　　　　　されない（S63.3.14 基発 150 号）。

ウ 不適切。テレワークが自宅で行われており、テレワークで使用している
　　　　　パソコンが使用者の指示により常時通信可能な状態となってお
　　　　　らず、かつ、テレワークが、随時使用者の具体的な指示に基づ
　　　　　いて行われていない場合には、労働時間の算定が難しいため、
　　　　　事業場外労働のみなし労働時間制の適用対象となる（H20.7.28
　　　　　基発 0728002 号）。

エ 不適切。労働者が労働時間の全部又は一部について事業場外で業務に従
　　　　　事した場合において、労働時間を算定し難いときは、所定労働
　　　　　時間労働したものとみなされる。ただし、当該業務を遂行する
　　　　　ためには通常所定労働時間を超えて労働することが必要となる
　　　　　場合においては、当該業務に関しては、厚生労働省令で定める
　　　　　ところにより、当該業務の遂行に通常必要とされる時間労働し
　　　　　たものとみなされる（労働基準法 38 条の 2 第 1 項）。

正解　ア

問題 44. フレックスタイム制に関する以下のアからエまでの記述のうち、最も<u>適切ではない</u>ものを１つ選びなさい。

ア．フレックスタイム制を利用する場合に、清算期間が１か月を超えるものであるときは、労使協定において、１週間当たりの平均の労働時間が法定労働時間を超えず、かつ、清算期間の開始日以後１か月ごとに区分した各期間ごとに１週間当たりの平均の労働時間が 50 時間を超えない範囲内で、清算期間における総労働時間を定めなければならない。

イ．フレックスタイム制を採用する場合においては、始業及び終業の時刻の両方を労働者の決定に委ねる旨を定めなければならない。

ウ．フレックスタイム制の採用にあたり、締結した労使協定で清算期間における総労働時間が定められた場合、労働者の総実労働時間がそれに不足するときであっても、不足分は欠勤時間とは扱われない。

エ．コアタイム（必ず勤務しなければならない時間帯）とフレキシブルタイム（コアタイム以外の時間帯でいつでも出社又は退社してもよい時間帯）を設定する場合において、フレキシブルタイムが極端に短いときやコアタイムと標準となる１日の労働時間がほぼ一致しているときは、フレックスタイム制の適用はない。

問題 44.　　フレックスタイム制

ア　適　切。フレックスタイム制を利用する場合に、清算期間が 1 か月を超えるものであるときは、労使協定において、1 週間当たりの平均の労働時間が法定労働時間を超えず、かつ、清算期間の開始日以後 1 か月ごとに区分した各期間ごとに 1 週間当たりの平均の労働時間が 50 時間を超えない範囲内で、清算期間における総労働時間を定めなければならない（労働基準法 32 条の 3 第 2 項）。

イ　適　切。フレックスタイム制を採用する場合には、就業規則その他これに準ずるものにより、始業及び終業の時刻の両方を労働者の決定に委ねる旨を定める必要がある（労働基準法 32 条の 3 第 1 項、H11.3.31 基発 168 号）。

ウ　不適切。フレックスタイム制の採用にあたり、労使協定で清算期間における総労働時間が定められた場合、労働者の総実労働時間がそれに不足するときには、不足分は欠勤時間と扱われ、超過するときには、超過分は所定外労働時間として扱われる。なお、次の清算期間中の総労働時間に上積みして労働させることは、法定労働時間の総枠の範囲内である限り、その清算期間においては実際の労働時間に対する賃金よりも多く賃金を支払い、次の清算期間でその分の賃金の過払を清算するものと考えられ、労働基準法 24 条に違反するものではない（労働基準法 32 条の 3、S63.1.1 基発 1 号・婦発 1 号）。

エ　適　切。コアタイムとフレキシブルタイムを設定する場合に、フレキシブルタイムが極端に短い場合やコアタイムと標準となる 1 日の労働時間がほぼ一致している場合には、フレックスタイム制の適用はないものと解されている（S63.1.1 基発 1 号・婦発 1 号、H11.3.31 基発 168 号）。

正解　ウ

問題 45. 変形労働時間制に関する以下のアからオまでの記述のうち、最も<u>適切</u>なものを1つ選びなさい。

ア．1年単位の変形労働時間制を採用する場合、対象期間（3か月を超える場合は除く。）における1日の労働時間の限度は 10 時間であり、1週間の労働時間の限度は 54 時間である。

イ．1か月単位の変形労働時間制を採用する場合には、連続して労働させる日数の限度は、原則として6日となる。

ウ．1か月単位の変形労働時間制を利用するためには、いかなる週又は日に法定労働時間を超える労働時間配分をするのかを、労使協定又は就業規則等においてあらかじめ特定しておかなければならず、変形期間を平均して週 40 時間以内になっているときであっても、使用者が業務の都合によって任意に労働時間を変更することを定めることは認められない。

エ．日ごとの業務に著しい繁閑の差が生ずることが多い小売業、旅館、料理店、飲食店のいずれかに該当し、かつ常時使用する労働者数が 50 人未満の事業であれば、労使協定を締結して所轄労働基準監督署長に届出をすることで、1週間単位の非定型的変形労働時間制を採用することができる。

オ．労働者の労働時間が、変形期間を平均して週 40 時間の範囲内であれば、使用者が業務の都合によって任意に労働時間を変更する場合であっても変形労働時間制に該当する。

問題 45.　変形労働時間制

ア　不適切。　1年単位の変形労働時間制を採用する場合、対象期間（3か月
を超える場合は除く）における1日の労働時間の限度は 10 時
間、1週間の労働時間の限度は 52 時間である（労働基準法 32
条の4第3項、規則 12 条の4第4項）。

イ　不適切。　6日間の連続労働日数の限度が定められているのは、1か月単
位の変形労働時間制ではなく、1か月単位の変形労働時間制であ
る（労働基準法 32 条の4第3項、規則 12 条の4第5項）。

ウ　適　切。　1か月単位の変形労働時間制を利用するためには、いかなる週
又は日に法定労働時間を超える労働時間配分をするのかを、労
使協定又は就業規則等においてあらかじめ特定しておかなけれ
ばならない。この特定の趣旨は、労働者の生活に与える影響を
小さくすることにあるので、できるだけ具体的に特定しておく
必要がある。したがって、変形期間を平均して週 40 時間以内に
なっているときであっても、使用者が業務の都合によって任意
に労働時間を変更するようなものは、この要件を満たすものと
はいえない（S63.1.1 基発 1 号・婦発 1 号、H9.3.25 基発 195
号、H11.3.31 基発 168 号）。

エ　不適切。　日ごとの業務に著しい繁閑の差が生ずることが多い小売業、旅
館、料理店、飲食店のいずれかに該当し、かつ常時使用する労
働者数が 30 人未満の事業であれば、労使協定を締結して所轄
労働基準監督署長に届出をすることで、1週間単位の非定型的
変形労働時間制を採用することができる（労働基準法 32 条の
5第1項、規則 12 条の5第1項・2項）。

オ　不適切。　労働者の労働時間が、変形期間を平均して週 40 時間の範囲内
であっても、使用者が業務の都合によって任意に労働時間を変
更するような制度は変形労働時間制に該当しない（H11.3.31
基発 168 号）。

正解　ウ

問題 46. 1年単位の変形労働時間制に関する以下のアからエまでの記述のうち、最も適切なものを1つ選びなさい。

ア. 1年単位の変形労働時間制を採用するためには、労使協定を締結する際に、対象となる労働者の範囲を定めなければならない。

イ. 常時 10 人以上を使用する使用者が1年単位の変形労働時間制を採用する場合は、事業場の労使協定が締結されることから、就業規則に各労働日の始業・終業の時刻を定める必要はない。

ウ. 労使協定の締結・届出がされた場合、1年単位の変形労働時間制は労働基準法上適法となり、各労働者の労働契約上も労使協定に定められた義務が生じる。

エ. 1年単位の変形労働時間制を採用する場合、必ず労使協定が締結されているから、対象期間を平均して1週間当たりの所定労働時間が40 時間を超えることも許される。

問題 46.　　1 年単位の変形労働時間制

ア　適　切。1 年単位の変形労働時間制を採用するためには、労使協定を締結する際に、対象となる労働者の範囲を定めなければならない（労働基準法 32 条の 4 第 1 項 1 号）。

イ　不適切。始業及び終業の時刻は、就業規則の絶対的必要記載事項である（労働基準法 89 条 1 号、H11.3.31 基発 168 号）。1 年単位の変形労働時間制を採用する場合であっても、使用者は、就業規則に各労働日の始業・終業の時刻を定めなければならない。

ウ　不適切。労使協定の締結・届出の効力は、1 年単位の変形労働時間制を労働基準法上適法とするにとどまり、各労働者の労働契約上の義務付けのためには、就業規則または労働協約の定めが必要である。

エ　不適切。1 年単位の変形労働時間制は、対象期間を平均して 1 週間当たりの労働時間が 40 時間を超えない範囲内で、特定された週に 40 時間、又は特定された日に 8 時間を超えて労働させることができる（労働基準法 32 条の 4 第 1 項）。

正解　ア

問題 47. 高度プロフェッショナル制度に関する次の文章中の（　　）に入る
　　　　　適切な語句の組合せを、以下のアからエまでのうち１つ選びなさい。

　　高度プロフェッショナル制度とは、高度の専門的知識等を必要とし、
その性質上従事した時間と従事して得た成果との関連性が（　a　）
と認められる対象業務に就く労働者を対象として、労使委員会の
（　b　）以上の多数による決議及び労働者本人の同意を前提として、
年間 104 日以上の休日確保措置や健康管理時間の状況に応じた健康・
福祉確保措置等を講ずることにより、労働基準法に定められた労働時
間、休憩、休日及び（　c　）に関する規定を適用しない制度である。

ア．a．高くない　　　　b．5分の4　　　　c．深夜の割増賃金

イ．a．高くない　　　　b．4分の3　　　　c．年次有給休暇

ウ．a．高い　　　　　　b．5分の4　　　　c．年次有給休暇

エ．a．高い　　　　　　b．4分の3　　　　c．深夜の割増賃金

問題 47.　　　高度プロフェッショナル制度

高度プロフェッショナル制度とは、高度の専門的知識等を必要とし、その性質上従事した時間と従事して得た成果との関連性が（a. **高くない**）と認められる対象業務に就く労働者を対象として、労使委員会の（b. **5分の4**）以上の多数による決議及び労働者本人の同意を前提として、年間 104 日以上の休日確保措置や健康管理時間の状況に応じた健康・福祉確保措置等を講ずることにより、労働基準法に定められた労働時間、休憩、休日及び（c. **深夜の割増賃金**）に関する規定を適用しない制度である。

正解　ア

問題 48. 労働基準法における労働時間規制の適用除外に関する以下のアからエまでの記述のうち、最も<u>適切ではない</u>ものを１つ選びなさい。

ア．監視・断続的労働従事者については、使用者が労働基準監督署長の許可を受けていない場合には、労働時間・休憩・休日に関する規定は適用されない。

イ．労働基準法上の管理監督者に該当する者については、労働基準法上の労働時間、休憩及び休日に関する規定の適用が排除される。

ウ．農業、畜産、水産業の事業に従事する者には、労働基準法の労働時間、休憩、休日に関する規定は適用されない。

エ．労働基準法の労働時間に関する規制が適用されない機密の事務を取り扱う者とは、秘書その他職務が経営者又は監督もしくは管理の地位にある者の活動と一体不可分であって、厳格な労働時間管理になじまない者をいう。

問題 48.　　| 労働時間規制の適用除外 |

ア　不適切。労働基準法の労働時間、休憩及び休日に関する規定は、監視又
　　　　　　は断続的労働に従事する者で、使用者が行政官庁の許可を受け
　　　　　　た場合には適用されない（労働基準法 41 条 3 号）。

イ　適　　切。労働基準法上の管理監督者（監督又は管理の地位にある者）に
　　　　　　ついては、労働基準法上の労働時間、休憩及び休日に関する規
　　　　　　定の適用は除外される（労働基準法 41 条 2 号）。

ウ　適　　切。農業（別表第 1 第 6 号）、畜産、水産業（別表第 1 第 7 号）の事
　　　　　　業に従事する者には、労働基準法の労働時間、休憩、休日に関
　　　　　　する規定は適用されない（労働基準法 41 条 1 号）。

エ　適　　切。労働基準法 41 条柱書は、「この章、第 6 章及び第 6 章の 2 で定
　　　　　　める労働時間、休憩及び休日に関する規定は、次の各号の一に
　　　　　　該当する労働者については適用しない。」とし、同条 2 号は、「事
　　　　　　業の種類にかかわらず監督若しくは管理の地位にある者又は機
　　　　　　密の事務を取り扱う者」と規定している。「機密の事務を取り扱
　　　　　　う者」とは、秘書その他職務が経営者又は監督もしくは管理の
　　　　　　地位にある者の活動と一体不可分であって、厳格な労働時間管
　　　　　　理になじまない者をいう。

| 正解　ア |

問題 49. 年次有給休暇に関する以下のアからオまでの記述のうち、最も<u>適切</u><u>ではない</u>ものを 1 つ選びなさい。

ア．使用者は、事業場における過半数労働組合あるいは労働者の過半数代表者との労使協定の定めるところにより、5 日を上限として、時間を単位として有給休暇を与えることができる。

イ．年次有給休暇をどのように利用するかは、使用者の干渉を許さない労働者の自由であるが、判例は、労働者が年次有給休暇を一斉休暇闘争という争議目的に利用する場合には、原則として年次有給休暇は成立しないとしている。

ウ．使用者は、単に繁忙という理由だけで、年次有給休暇の時季変更権を行使することはできず、判例は、事業の規模や年次有給休暇を請求している労働者の職場での配置などについて、個別具体的に判断しなければならないとしている。

エ．判例によれば、勤務割による勤務体制がとられている事業場において、使用者が通常の配慮をしたとしても代替勤務者を確保して勤務割を変更することが客観的に可能な状況になかった場合には、使用者が代替勤務者を確保するための何らかの具体的行為をしなかったとしても、使用者がなした時季変更権の行使は違法ではない。

オ．使用者は、その雇入れの日から起算して 6 か月間継続勤務し全労働日の 8 割以上出勤した労働者に対して、継続し、又は分割した 10 労働日の有給休暇を与えなければならず、判例によれば、全労働日には一般休暇日も含まれる。

問題 49.　　年次有給休暇

ア　適　切。使用者は、事業場における過半数組合あるいは過半数代表者との労使協定の定めるところにより、時間を単位として有給休暇を与えることができ（労働基準法 39 条 4 項柱書）、その上限は 5 日である（同項 2 号）。

イ　適　切。年次有給休暇をどのように利用するかは、使用者の干渉を許さない労働者の自由である（年休自由利用の原則）。ただし、判例は、労働者がその所属の事業場において、その業務の正常な運営の阻害を目的として、全員一斉に休暇届を提出して職場を放棄・離脱する一斉休暇闘争は、その実質は、年次有給休暇に名を借りた同盟罷業にほかならず、本来の年次有給休暇権の行使ではないことから、原則として年次有給休暇は成立しないとしている（最判昭 48.3.2　林野庁白石営林署事件）。

ウ　適　切。使用者は、請求された時季に年次有給休暇を与えることが事業の正常な運営を妨げる場合には、他の時季に年次有給休暇を与えることができる（労働基準法 39 条 5 項但書）。単に繁忙という理由だけでは事業の正常な運営を妨げる場合には当たらず、時季変更権を行使することはできない。判例は、使用者の事業規模や年次有給休暇を請求している者の職場での配置のほか、業務の繁忙の程度や代替要員の確保の経緯などを総合的に考慮して、事業の正常な運営を妨げる場合に該当するか否かを判断している（最判昭 62.7.10　弘前電報電話局事件）。

エ　適　切。判例は、勤務割における勤務予定日につき年次休暇の時季指定がされた場合に、使用者が通常の配慮をしたとしても代替勤務者を確保して勤務割を変更することが客観的に可能な状況になかったと判断することができるときには、使用者において代替勤務者を確保するための配慮をしたとみる何らかの具体的行為をしなかったとしても、時季変更権の行使が違法となることはないとしている（最判平元.7.4　電電公社関東電気通信局事件）。

オ　不適切。使用者は、その雇入れの日から起算して 6 か月間継続勤務し全労働日の 8 割以上出勤した労働者に対して、継続し、又は分割した 10 労働日の有給休暇を与えなければならない（労働基準法 39 条 1 項）。そして、判例は、労働基準法 39 条 1 項にいう全労働日とは、1 年の総暦日数のうち労働者が労働契約上労働

義務を課せられている日数をいうとし、一般休暇日は労働者が労働義務を課せられていない日に当たるから、全労働日には含まれないとしている（最判平 4.2.18　エス・ウント・エー事件）。

正解　オ

問題 50. 年次有給休暇の付与要件に関する以下のアからエまでの記述のうち、最も<u>適切な</u>ものを1つ選びなさい。

ア．育児・介護休業法における子の看護休暇を取得した期間は、年次有給休暇規定（労働基準法 39 条 1 項・2 項）の適用については、出勤したものとみなされる。

イ．女性労働者が産前産後休業をした期間は、年次有給休暇規定（労働基準法 39 条 1 項・2 項）の適用については、出勤したものとみなされる。

ウ．年次有給休暇の付与要件の1つである「継続勤務」は、勤務の実態に即し実質的に判断すべきものであるから、企業が解散し、新会社に包括承継された場合、勤務年数は通算されない。

エ．年次有給休暇の付与要件の1つである「継続勤務」には、私傷病により休職とされていた者が復職した場合の当該休職期間は含まれない。

問題 50.　　　年次有給休暇の付与要件

ア　不適切。「子の看護休暇を取得した期間」は、出勤したものとみなされない（労働基準法 39 条 10 項）。

イ　適　切。労働者が業務上負傷し、又は疾病にかかり療養のために休業した期間及び育児・介護休業法 2 条 1 号に規定する育児休業又は同条 2 号に規定する介護休業をした期間並びに産前産後の女性が第 65 条の規定によって休業した期間は、年次有給休暇規定（労働基準法 39 条 1 項・2 項）の適用については、出勤したものとみなされる（労働基準法 39 条 10 項）。

ウ　不適切。「継続勤務とは、労働契約の存続期間、すなわち在籍期間をいう。継続勤務か否かについては、勤務の実態に即し実質的に判断すべきものであり、実質的に労働関係が継続している限り勤務年数を通算する」とされている（労働基準法 39 条 1 項、H6.3.31 基発 181 号）。従って、会社が解散し、従業員の待遇等を含め権利義務関係が新会社に包括承継された場合、実質的に労働関係は継続しているとみなされ、継続期間として勤務年数を通算しなければならない。

エ　不適切。休職者が復職した場合、実質的に労働関係は継続しているため、継続期間として勤続年数を通算しなければならない（ウの解説を参照）。

正解　イ

問題 51. 育児休業等に関する以下のアからエまでの記述のうち、最も<u>適切ではない</u>ものを１つ選びなさい。

　ア．１歳未満の子を養育する労働者は、男女を問わず、原則として、その事業主に対し、当該子が１歳になるまでの期間を特定して育児休業を申し出ることができる。

　イ．期間を定めて雇用される者については、その事業主に１年以上継続して雇用されており、かつ、その養育する子が１歳に達する日までに、その労働契約が満了又は不更新によって終了することが明らかでない者に限り、育児休業の申出をすることができる。

　ウ．育児休業の申出は、１人の子について、分割して２回まで認められる。

　エ．小学校就学の始期に達するまでの子を養育する労働者は、その事業主に申し出ることにより、一の年度において５労働日を限度として、負傷し、又は疾病にかかった子の世話を行うための休暇を取得することができる。

問題 51.　　育児休業等

ア　適　切。1歳未満の子を養育する労働者は、男女を問わず、原則として、その事業主に対し、当該子が1歳になるまでの期間を特定して育児休業を申し出ることができる（育児介護休業法5条1項・6項、同法施行規則7条）。

イ　不適切。期間を定めて雇用される者については、当該事業主に1年以上継続して雇用されており、かつ、その養育する子が1歳6か月に達する日までに、その労働契約が満了又は不更新によって終了することが明らかでない者に限り、育児休業の申出をすることができる（育児介護休業法5条1項但書）。

ウ　適　切。令和4年10月1日施行の改正育児休業法によって、育児休業の申出は、1人の子について、分割して2回まで認められることとなった（同法5条2項）。

エ　適　切。小学校就学の始期に達するまでの子を養育する労働者は、その事業主に申し出ることにより、一の年度において5労働日を限度として、負傷し、又は疾病にかかった子の世話を行うための休暇（子の看護休暇）を取得することができる（育児介護休業法16条の2）。

正解　イ

問題 52. 育児・介護休業法における介護を行う労働者への支援措置に関する以下のアからオまでの記述のうち、最も<u>適切ではない</u>ものを１つ選びなさい。

ア.「要介護状態」とは、負傷、疾病又は身体上若しくは精神上の障害により、２週間以上の期間にわたり常時介護を必要とする状態をいう。

イ. 介護休業に際しては、労働者は、当該対象家族が要介護状態にあることを明らかにし、休業開始予定日及び終了予定日を明らかにして、事業者に対し申出を行わなければならない。

ウ. 労働者は、要介護状態にある対象家族を介護する場合において、要介護者１人につき、通算 93 日を限度として、３回まで介護のための休業をすることができる。

エ. 同一の事業主に１年以上継続雇用され、かつ介護休業開始予定日から起算して 93 日を経過する日から６か月を経過する日までの間に、労働契約が満了することが明らかでない有期雇用契約労働者は、その事業主に申し出ることにより、介護休業をすることができる。

オ. 介護休業の要件としての「対象家族」には、配偶者が含まれるが、ここでいう配偶者とは、実際に婚姻の届出をしている者をいい、婚姻の届出をしていないが、事実上婚姻関係と同様の事情にある者（例えば内縁の者など）は含まれない。

問題 52.　　| 介護を行う労働者への支援措置 |

ア　適　切。育児休業の要件としての「要介護状態」とは、負傷、疾病また
　　　　　　は身体上もしくは精神上の障害により、2週間以上の期間にわ
　　　　　　たり常時介護を要する状態をいう（育児介護休業法2条3号、
　　　　　　則2条）。

イ　適　切。介護休業に際しては、労働者は、当該対象家族が要介護状態に
　　　　　　あることを明らかにし、休業開始予定日及び終了予定日を明ら
　　　　　　かにして、事業者に対し申出を行うことを要する（育児介護休
　　　　　　業法11条3項）。

ウ　適　切。労働者は、対象家族1人につき、通算93日まで、3回を上限と
　　　　　　して、介護休業を分割して取得することができる（育児介護休
　　　　　　業法11条2項）。

エ　適　切。同一の事業主に1年以上継続雇用され、かつ介護休業開始予定
　　　　　　日から起算して93日を経過する日から6か月を経過する日ま
　　　　　　での間に、労働契約が満了することが明らかでない有期契約労
　　　　　　働者は、その事業主に申し出ることにより、介護休業をするこ
　　　　　　とができる（育児介護休業法11条1項但書）。

オ　不適切。介護休業の要件としての「対象家族」は、配偶者（婚姻の届出
　　　　　　をしていないが、事実上婚姻関係と同様の事情にある者を含む）、
　　　　　　父母、子、祖父母、兄弟姉妹、孫、配偶者の父母である（育児
　　　　　　介護休業法2条4号、則3条）。

| 正解　オ |

問題 53. 労働基準法における年少者の保護に関する以下のアからエまでの
記述のうち、最も<u>適切な</u>ものを1つ選びなさい。

ア. 使用者は、満 15 歳に満たない者に時間外労働をさせる場合は、1
日2時間以内としなければならない。

イ. 使用者は、原則として、満 18 歳に満たない者を午後 10 時から午
前6時までの間において使用してはならない。

ウ. 未成年者の親権者又は後見人は、労働契約が未成年者に不利であ
ると認める場合、当該労働契約を将来に向かって解除することがで
きるが、行政官庁は当該労働契約を解除することができない。

エ. 使用者は、満 15 歳に達した日以後の最初の3月 31 日が終了する
までの児童を労働者として使用してはならない。

問題 53.　　年少者の保護

ア　不適切。満 18 歳に満たない者については、労働基準法 60 条 1 項によっ
　　　　　　て同法 36 条の適用が排除されており、時間外労働及び休日労
　　　　　　働をさせることは認められない。

イ　不適切。使用者は、原則として、満 18 歳に満たない者を午後 10 時から
　　　　　　午前 5 時までの間において使用してはならない（労働基準法 61
　　　　　　条 1 項）。

ウ　不適切。親権者若しくは後見人又は行政官庁は、労働契約が未成年者に
　　　　　　不利であると認める場合においては、将来に向かってこれを解
　　　　　　除することができる（労働基準法 58 条 2 項）。

エ　適　切。使用者は、児童が満 15 歳に達した日以後の最初の 3 月 31 日が
　　　　　　終了するまで、労働者として使用してはならない（労働基準法
　　　　　　56 条 1 項）。

正解　エ

問題 54.　女性労働者に対する母性保護に関する以下のアからオまでの記述
のうち、最も<u>適切ではない</u>ものを１つ選びなさい。

ア．使用者は、妊娠中の女性及び産後１年を経過しない女性を、重量物
　　を取り扱う業務、有害ガスを発散する場所における業務その他妊産
　　婦の妊娠、出産、哺育等に有害な業務に就かせてはならない。

イ．使用者は、産後８週間を経過しない女性を就業させてはならない
　　が、産後６週間を経過した女性が請求した場合、その者について医
　　師が支障ないと認めた業務に就かせることは許される。

ウ．使用者は、６週間（多胎妊娠の場合は 14 週間）以内に出産する予
　　定の女性が休業を請求した場合には、その者を就業させてはならな
　　い。

エ．使用者は、妊娠中の女性について、本人からの請求の有無にかかわ
　　らず、他の軽易な業務に転換させなければならない。

オ．生後満１年に達しない生児を育てる女性は、通常の休憩時間のほ
　　か、原則として１日２回、各々少なくとも 30 分、その生児を育て
　　るための時間を請求することができる。

問題 54.　　| 女性労働者に対する母性保護 |

ア　適　切。使用者は、妊娠中の女性及び産後1年を経過しない女性を、重
　　　　　　量物を取り扱う業務、有害ガスを発散する場所における業務そ
　　　　　　の他妊産婦の妊娠、出産、哺育等に有害な業務に就かせてはな
　　　　　　らない（労働基準法64条の3第1項）。

イ　適　切。使用者は、産後8週間を経過しない女性を就業させてはならな
　　　　　　い。ただし、産後6週間を経過した女性が請求した場合におい
　　　　　　て、その者について医師が支障ないと認めた業務に就かせるこ
　　　　　　とは差し支えない（労働基準法65条2項）。

ウ　適　切。使用者は、6週間（多胎妊娠の場合にあっては、14週間）以内
　　　　　　に出産する予定の女性が休業を請求した場合においては、その
　　　　　　者を就業させてはならない（労働基準法65条1項）。

エ　不適切。使用者は、妊娠中の女性が請求した場合には、他の軽易な業務
　　　　　　に転換させなければならない（労働基準法65条3項）。請求が
　　　　　　ない場合に他の軽易な業務に転換させる義務を負うものではな
　　　　　　い。

オ　適　切。生後満1年に達しない生児を育てる女性は、通常の休憩時間の
　　　　　　ほか、1日2回各々少なくとも30分、その生児を育てるための
　　　　　　時間を請求することができる（労働基準法67条1項）。なお、
　　　　　　1日の労働時間が4時間以内であるような場合には、1日1回
　　　　　　の育児時間を付与すれば足りる（S36.1.9 基収8996号）。

| 正解　エ |

問題 55. 労働者名簿等に関する以下のアからエまでの記述のうち、最も<u>適切ではないもの</u>を1つ選びなさい。

ア．使用者は、雇入れたすべての労働者について、労働者名簿を調製し、労働者の氏名、生年月日、履歴その他厚生労働省令で定める事項を記入しなければならない。

イ．使用者は、調製した労働者名簿の記入すべき事項に変更があった場合においては、遅滞なく訂正しなければならない。

ウ．使用者は、各事業場ごとに賃金台帳を調製し、賃金計算の基礎となる事項及び賃金の額その他厚生労働省令で定める事項を賃金支払の都度遅滞なく記入しなければならない。

エ．使用者は、労働者名簿、賃金台帳及び雇入れ、解雇、災害補償、賃金その他労働関係に関する重要な書類を5年間（当分の間、3年間）保存しなければならない。

問題 55.　　 労働者名簿等

ア　不適切。使用者は、各事業場ごとに労働者名簿を、各労働者（日日雇い入れられる者を除く。）について調製し、労働者の氏名、生年月日、履歴その他厚生労働省令で定める事項を記入しなければならない（労働基準法 107 条 1 項）。

イ　適　切。使用者は、調製した労働者名簿の記入すべき事項に変更があった場合においては、遅滞なく訂正しなければならない（労働基準法 107 条 2 項）。

ウ　適　切。使用者は、各事業場ごとに賃金台帳を調製し、賃金計算の基礎となる事項及び賃金の額その他厚生労働省令で定める事項を賃金支払の都度遅滞なく記入しなければならない（労働基準法 108 条）。

エ　適　切。使用者は、労働者名簿、賃金台帳及び雇入れ、解雇、災害補償、賃金その他労働関係に関する重要な書類を 5 年間（当分の間、3 年間）保存しなければならない（労働基準法 109 条、附則 143 条 1 項）。

正解　ア

問題 56. 労働安全衛生法の目的に関する次の文章中の（　　）に入る<u>適切な語句の組合せ</u>を、以下のアからエまでのうち１つ選びなさい。

> 　この法律は、労働基準法と相まって、労働災害の防止のための危害防止基準の確立、責任体制の明確化及び自主的活動の促進の措置を講ずる等その防止に関する総合的計画的な対策を推進することにより職場における（　a　）を確保するとともに、（　b　）を促進することを目的とする。

ア．a．労働者の安全と健康　　　　b．快適な職場環境の形成

イ．a．労働者の安全と健康　　　　b．労働関係の安定

ウ．a．労働者の保護　　　　　　　b．労働関係の安定

エ．a．労働者の保護　　　　　　　b．快適な職場環境の形成

問題 56.　　|労働安全衛生法の目的|

> 　この法律は、労働基準法と相まって、労働災害の防止のための危害防止基準の確立、責任体制の明確化及び自主的活動の促進の措置を講ずる等その防止に関する総合的計画的な対策を推進することにより職場における（a．**労働者の安全と健康**）を確保するとともに、（b．**快適な職場環境の形成**）を促進することを目的とする。

|正解　ア|

問題 57. 労働安全衛生法における安全衛生管理体制に関する以下のアから
オまでの記述のうち、最も適切ではないものを 1 つ選びなさい。

ア. 事業者は、政令で定める規模の事業場ごとに、総括安全衛生管理者
を選任し、その者に安全管理者、衛生管理者等の指揮をさせるとと
もに、労働者の危険または健康障害を防止するための措置等を統括
管理させなければならない。

イ. 事業者は、法定の業種について、常時 50 人以上の労働者を使用す
る事業場ごとに、厚生労働大臣が定める安全管理者選任時研修を受
講した者などの有資格者の中から安全管理者を選任し、その者に安
全衛生業務のうち安全に係る技術的事項を管理させなければなら
ない。

ウ. 事業者は、所定の学歴に応じて定められた一定の年数以上労働衛生
の実務に従事した経験を有する者で、厚生労働大臣が定める研修を
受けた者の中から衛生管理者を選任しなければならない。

エ. 事業者は、安全衛生推進者を選任したときは、その安全衛生推進者
の氏名を作業場の見やすい箇所に掲示する等により関係労働者に
周知しなければならない。

オ. 安全委員会は、労働者の危険の防止に関する重要事項を調査審議
する委員会であるが、安全委員会を設けなければならない事業場
においては、衛生委員会も設けなければならない。

問題 57.　　安全衛生管理体制

ア　適　切。事業者は、政令で定める規模（建設業・運送業等は 100 人以上、製造業等は 300 人以上、その他の業種は 1000 人以上）の事業場ごとに、「総括安全衛生管理者」を選任し、その者に安全管理者、衛生管理者等の指揮をさせるとともに、労働者の危険または健康障害を防止するための措置等（労働安全衛生法 10 条各号に定める措置等）を統括管理させなければならない（労働安全衛生法 10 条 1 項、令 2 条）。総括安全衛生管理者は、当該事業場においてその事業の実施を統括管理する者をもって充てなければならないと規定されているが、資格については、特段の定めが無い（同条 2 項）。

イ　適　切。事業者は、法定の業種について、常時 50 人以上の労働者を使用する事業場ごとに、厚生労働大臣が定める安全管理者選任時研修を受講した者等の有資格者の中から安全管理者を選任し、その者に安全衛生業務のうち安全に係る技術的事項を管理させなければならない（労働安全衛生法 11 条 1 項、令 3 条）。

ウ　不適切。事業者は、政令で定める規模の事業場ごとに、都道府県労働局長の免許を受けた者その他厚生労働省令で定める資格を有する者のうちから、厚生労働省令で定めるところにより、当該事業場の業務の区分に応じて、衛生管理者を選任し、その者に第 10 条第 1 項各号の業務（第 25 条の 2 第 2 項の規定により技術的事項を管理する者を選任した場合においては、同条第 1 項各号の措置に該当するものを除く。）のうち衛生に係る技術的事項を管理させなければならない（労働安全衛生法 12 条 1 項）。

エ　適　切。事業者は、安全衛生推進者を選任したときは、その安全衛生推進者の氏名を作業場の見やすい箇所に掲示する等により関係労働者に周知しなければならない（労働安全衛生規則 12 条の 4）。

オ　適　切。安全委員会を設けるべき事業場は、業種の区分に応じ、常時 50 人以上、又は常時 100 人以上の労働者を使用する事業場である。他方、衛生委員会を設けるべき事業場は、業種を問わず、常時 50 人以上の労働者を使用する事業場である。従って、安全委員会を設けなければならない事業場においては、必然的に、衛生委員会を設けなければならないこととなる（労働安全衛生施行令 8・9 条）。

正解　ウ

問題 58. 産業医に関する以下のアからオまでの記述のうち、最も<u>適切ではないもの</u>を1つ選びなさい。

ア. 常時 50 人以上の労働者を使用する事業場においては、事業者は、労働者の健康管理等を行わせるために、所定の要件を備えた医師の中から産業医を選任しなければならない。

イ. 産業医は、その職務事項について、総括安全衛生管理者及び衛生管理者を指揮監督することができる。

ウ. 産業医は、労働者の健康を確保するため必要があると認めるときは、事業者に対し、労働者の健康管理等について必要な勧告をすることができ、事業者は、当該勧告を尊重しなければならない。

エ. 産業医は、原則として、少なくとも毎月1回作業場等を巡視し、作業方法又は衛生状態に有害のおそれがあるときは、直ちに、労働者の健康障害を防止するため必要な措置を講じなければならない。

オ. 労働者 50 人未満の事業場においては、事業者は、医師等に労働者の健康管理等の全部又は一部を行わせるように努めなければならない。

問題 58.　　産業医

ア　適　切。常時 50 人以上の労働者を使用する事業場においては、事業者は、労働者の健康管理等を行わせるために、所定の要件を備えた医師の中から産業医を選任しなければならない（労働安全衛生法 13 条 1 項、令 5 条）。

イ　不適切。産業医は、その職務事項について、総括安全衛生管理者に対して勧告し、又は衛生管理者に対して指導し、若しくは助言することができるとされている（安衛則 14 条 3 項）が、指揮監督権限はない。

ウ　適　切。産業医は、労働者の健康を確保するため必要があると認めるときは、事業者に対し、労働者の健康管理等について必要な勧告をすることができ、事業者は、当該勧告を尊重しなければならない（労働安全衛生法 13 条 5 項）。

エ　適　切。産業医は、原則として、少なくとも毎月 1 回作業場等を巡視し、作業方法又は衛生状態に有害のおそれがあるときは、直ちに、労働者の健康障害を防止するため必要な措置を講じなければならない（労働安全衛生規則 15 条）。

オ　適　切。労働者 50 人未満の事業場においては、事業者は、医師等に労働者の健康管理等の全部又は一部を行わせるように努めなければならない（労働安全衛生法 13 条の 2 第 1 項）。

正解　イ

問題 59. 安全衛生教育に関する以下のアからエまでの記述のうち、最も<u>適切</u>なものを１つ選びなさい。

ア．事業者は、労働者を雇い入れたときは、当該労働者が常時使用する労働者であるか否かにかかわらず、当該労働者に対し、厚生労働省令で定めるところにより、その従事する業務に関する安全又は衛生のための教育を行わなければならない。

イ．職長等教育とは、事業者が、建設業、一定の製造業等一定業種について、新たに職務に就くことになった又は職務内容に変更があった職長および労働者を直接指導監督する者（作業主任者を除く。）に対し、行う安全衛生教育である。

ウ．安全衛生教育が法定労働時間外に行われた場合、事業者は割増賃金を支払う義務を負わない。

エ．安全衛生教育の全部又は一部に関し十分な知識及び技能を有していると認められる労働者に対しても、事業者は、当該労働者に関し、当該事項についての教育を省略することはできない。

問題 59.　　安全衛生教育

ア　適　切。事業者は、労働者を雇い入れたときは、当該労働者に対し、遅
　　　　　　滞なく、所定の事項のうち当該労働者が従事する業務に関する
　　　　　　安全又は衛生のための必要な事項について、教育を行わなけれ
　　　　　　ばならないが、雇入れ時の安全衛生教育の対象となる労働者は、
　　　　　　常時使用する労働者だけではなく、すべての労働者である（労
　　　　　　働安全衛生法 59 条 1 項、規則 35 条）。

イ　不適切。事業者は、建設業、一定の製造業等一定業種について、新たに
　　　　　　職務に就くこととなった職長又は労働者を直接指揮監督する者
　　　　　　（作業主任者を除く）に対し、安全衛生教育を行わなければな
　　　　　　らない（労働安全衛生法 60 条）。職長教育が必要なのは、新た
　　　　　　に職務に就くことになったときのみで、職務内容を変更した時
　　　　　　には行う必要がない。

ウ　不適切。安全衛生教育は、事業者の責任において実施されるものであ
　　　　　　り、労働時間と解され、法定労働時間外に行われた場合は、割
　　　　　　増賃金の支払が必要となる（労働安全衛生法 59 条、S47.9.18
　　　　　　基発第 602 号）。

エ　不適切。事業者は、安全衛生教育の全部又は一部に関し十分な知識及び
　　　　　　技能を有していると認められる労働者については、当該事項に
　　　　　　ついての教育を省略することができる（労働安全衛生法 59 条
　　　　　　2 項、同法施行規則 35 条 2 項）。

正解　ア

問題 60. 労働安全衛生法における一般健康診断に関する次の a から e までの記述のうち、<u>適切な</u>ものの組合せを以下のアからオまでのうち 1 つ選びなさい。

a. 事業者は、常時使用する労働者に対し、1 年以内ごとに 1 回、定期に、一般項目について医師による健康診断を行わなければならない。

b. 事業者が労働安全衛生法に基づいて実施した一般健康診断の費用については、一部を労働者に負担させることができる。

c. 労働者は、事業者が指定した医師又は歯科医師が行う健康診断を受けなければならず、自ら希望する医師又は歯科医師が行う健康診断を受けることはできない。

d. 一般健康診断は、一般的な健康の確保をはかることを目的として事業者にその実施義務を課したことから、その受診のために要した時間については、当然には事業者の負担すべきものであると解される。

e. 事業者は、労働者が自らの健康状態を把握し、自主的に健康管理が行えるよう、健康診断を受けた労働者に対して、異常の所見の有無にかかわらず、遅滞なくその結果を通知しなければならない。

ア. a と b　イ. b と c　ウ. c と d　エ. d と e　オ. a と e

問題 60.　　一般健康診断

a　適　切。事業者は、常時使用する労働者（特定業務従事者は除く）に対し、1年以内ごとに1回、定期に一般の項目について医師による健康診断（ストレスチェックを除く）を行わなければならない（労働安全衛生法66条の1第1項、労働安全衛生規則44条1項）。

b　不適切。労働安全衛生法66条1項から4項までの規定により実施される健康診断の費用については、同法で事業者に健康診断の実施の義務を課している以上、当然、事業者が負担すべきものである（労働安全衛生法66条1項、S47.9.18 基発602号）とされている。

c　不適切。事業者の指定した医師又は歯科医師が行う健康診断を受けることを希望しない場合は、他の医師又は歯科医師の行うこれらの規定による健康診断に相当する健康診断を受け、その結果を証明する書面を事業者に提出することができる（労働安全衛生法66条5項）。

d　不適切。一般健康診断は、一般的な健康の確保をはかることを目的として事業者にその実施義務を課したものであり、業務遂行との関連において行なわれるものではないので、その受診のために要した時間については、当然には事業者の負担すべきものではなく労使協議して定めるべきものであるが、労働者の健康の確保は、事業の円滑な運営の不可決な条件であることを考えると、その受診に要した時間の賃金を事業者が支払うことが望ましい（労働安全衛生法66条1項、S47.9.18 基発602号）。

e　適　切。事業者は、健康診断を受けた労働者に対し、遅滞なく、当該健康診断の結果を通知しなければならない（労働安全衛生法66条の6、規則51条の4）。

従って、a と e が適切で正解は肢オとなる。

正解　オ

問題 61. 健康診断実施後の対応に関する以下のアからエまでの記述のうち、最も<u>適切ではない</u>ものを１つ選びなさい。

ア．事業者は、労働者が自主的に健康管理を行えるよう、受診者全員に、健康診断の結果を、異常の所見の有無にかかわらず、遅滞なく通知しなければならない。

イ．事業者は、一般健康診断の結果（当該健康診断の項目に異常の所見があると診断された労働者に係るものに限る。）に基づき、当該労働者の健康を保持するために必要な措置について、医師の意見を聴かなければならないが、その場合、産業医の選任義務のある事業場においては、産業医が労働者個人ごとの健康状態や作業内容、作業環境についてより詳細に把握しうる立場にあることから、産業医から意見を聴くことが適当である。

ウ．事業者は、一次健康診断における医師の診断の結果に基づき、二次健康診断の対象となる労働者を把握し、当該労働者に対して、二次健康診断の受診を勧奨するとともに、診断区分に関する医師の判定を受けた当該二次健康診断の結果を事業者に提出するよう働きかけることが適当である。

エ．事業者は、一般健康診断、特殊健康診断および自発的健康診断については、その結果に基づき健康診断個人票を作成し、少なくとも３年間保存しなければならない。

問題 61.　　法定健康診断

ア　適　切。事業者は、労働者が自主的に健康管理を行えるよう、受診者全員に、健康診断の結果を、異常の所見の有無にかかわらず、遅滞なく通知しなければならない（労働安全衛生法 66 条の 6 、規則 51 条の 4 、健康診断結果に基づき事業者が講ずべき措置に関する指針）。

イ　適　切。事業者は、一般健康診断の結果（当該健康診断の項目に異常の所見があると診断された労働者に係るものに限る。）に基づき、当該労働者の健康を保持するために必要な措置について、医師の意見を聴かなければならないが、その場合、産業医の選任義務のある事業場においては、産業医が労働者個人ごとの健康状態や作業内容、作業環境についてより詳細に把握しうる立場にあることから、産業医から意見を聴くことが適当である。（労働安全衛生法 66 条の 4 、健康診断結果に基づき事業者が講ずべき措置に関する指針）。

ウ　適　切。事業者は、一次健康診断における医師の診断の結果に基づき、二次健康診断の対象となる労働者を把握し、当該労働者に対して、二次健康診断の受診を勧奨するとともに、診断区分に関する医師の判定を受けた当該二次健康診断の結果を事業者に提出するよう働きかけることが適当である（健康診断結果に基づき事業者が講ずべき措置に関する指針）。

エ　不適切。原則として、事業者は、健康診断の結果に基づき、健康診断個人票を作成して、これを 5 年間保存しなければならないと規定されている（労働安全衛生法 66 条の 3 、規則 51 条）。

正解　エ

問題 62.　ストレスチェックに関する以下のアからエまでの記述のうち、最も<u>適切ではない</u>ものを１つ選びなさい。

ア．常時 50 人以上の労働者を使用する事業者は、常時使用する労働者に対し、１年以内ごとに１回、定期に、医師、保健師その他一定の者によるストレスチェックを行わなければならない。

イ．ストレスチェック制度の主な目的は、労働者のストレスの程度を把握し、労働者自身のストレスへの気付きを促すとともに、職場改善につなげ、働きやすい職場づくりを進めることによって、労働者がメンタルヘルス不調となることを未然に防止することにある。

ウ．事業者は、ストレスチェックを受けた労働者に対し、当該検査を行った医師等から当該検査の結果が通知されるようにしなければならず、当該医師等は、あらかじめ当該検査を受けた労働者の同意を得ないで、当該労働者の検査の結果を事業者に提供してはならない。

エ．ストレスチェックの実施事務には、ストレスチェックを受ける労働者について解雇、昇進又は異動に関して直接の権限を持つ監督的地位にある者を選任しなければならない。

問題 62.　　ストレスチェック

ア　適　切。常時 50 人以上の労働者を使用する事業者は、常時使用する労働者に対し、1 年以内ごとに 1 回、定期に、医師、保健師その他厚生労働省令で定める者による心理的な負担の程度を把握するための検査（ストレスチェック）を行わなければならない（労働安全衛生法 66 条の 10 第 1 項、労働安全衛生規則 52 条の 9）。

イ　適　切。ストレスチェック制度は、労働者のストレスの程度を把握し、労働者自身のストレスへの気付きを促すとともに、職場改善につなげ、働きやすい職場づくりを進めることによって、労働者がメンタルヘルス不調となることを未然に防止すること（一次予防）を主な目的とする（厚生労働省「労働安全衛生法に基づくストレスチェック制度実施マニュアル」）。

ウ　適　切。事業者は、ストレスチェックを受けた労働者に対し、厚生労働省令で定めるところにより、当該検査を行った医師等から当該検査の結果が通知されるようにしなければならない。この場合において、当該医師等は、あらかじめ当該検査を受けた労働者の同意を得ないで、当該労働者の検査の結果を事業者に提供してはならない（労働安全衛生法 66 条の 10 第 2 項）。

エ　不適切。ストレスチェックを受ける労働者について解雇、昇進又は異動に関して直接の権限を持つ監督的地位にある者は、ストレスチェックの実施事務に従事してはならない（労働安全衛生規則 52 条の 10 第 2 項）。

正解　エ

問題 63. 労働安全衛生法に規定されているメンタルヘルス対策に関する以下のアからオまでの記述のうち、最も<u>適切ではない</u>ものを1つ選びなさい。

ア．ストレスチェックの実施は、メンタルヘルス対策の一環であるが、ストレスチェック制度の主な目的は、精神疾患を早期に発見し、労働者の病状増悪の程度を正確に把握することである。

イ．検査を行った医師等は、あらかじめ当該検査を受けた労働者から書面又は電磁的記録による同意を得ないで、当該労働者の検査の結果を事業者に提供してはならない。

ウ．事業者は、検査を受けた労働者に対し、当該検査を行った医師等から遅滞なく結果が通知されるようにしなければならず、この通知を受けた労働者で、医師による面接指導が必要であると当該医師等が認めた者が、面接指導を受けることを希望する旨を申し出たときは、当該労働者に対し、遅滞なく医師による面接指導を行わなければならない。

エ．検査を行った医師等は、面接指導が必要と認められる労働者に対して、申出を行うよう勧奨することができる。

オ．常時50人以上の労働者を使用する事業者は、1年以内ごとに1回、定期に、心理的な負担の程度を把握するための検査結果等報告書を所轄労働基準監督署長に提出しなければならない。

問題 63. | メンタルヘルス対策 |

ア　不適切。ストレスチェック制度は、労働者のストレスの程度を把握し、労働者自身のストレスへの気付きを促すとともに、職場改善につなげ、働きやすい職場づくりを進めることによって、労働者がメンタルヘルス不調となることを未然に防止すること（一次予防）を主な目的としている（厚生労働省「労働安全衛生法に基づくストレスチェック制度実施マニュアル」）。

イ　適　切。検査を行った医師等は、あらかじめ当該検査を受けた労働者から書面又は電磁的記録による同意を得ないで、当該労働者の検査の結果を事業者に提供してはならない（労働安全衛生法 66 条の 10 第 2 項、規則 52 条の 13 第 1 項）。

ウ　適　切。事業者は、検査を受けた労働者に対し、当該検査を行った医師等から遅滞なく結果が通知されるようにしなければならず（法 66 条の 10 第 2 項前段、則 52 条の 12）、この通知を受けた労働者で、医師による面接指導が必要であると当該医師等が認めた者が、面接指導を受けることを希望する旨を申し出たときは、当該労働者に対し、遅滞なく医師による面接指導を行わなければならない（労働安全衛生法 66 条の 10 第 3 項前段、規則 52 条の 16 第 2 項）。

エ　適　切。検査を行った医師等は、面接指導が必要と認められる労働者に対して、申出を行うよう勧奨することができる（労働安全衛生規則 52 条の 16 第 3 項）。

オ　適　切。常時 50 人以上の労働者を使用する事業者は、1 年以内ごとに 1 回、定期に、心理的な負担の程度を把握するための検査結果等報告書を所轄労働基準監督署長に提出しなければならない（労働安全衛生規則 52 条の 21）。

| 正解　ア |

問題 64. 労働安全衛生法における健康管理手帳及び病者の就業に関する次の文章中の（　　）に入る最も<u>適切な</u>語句の組合せを、以下のアからエまでのうち1つ選びなさい。

第 67 条

　都道府県労働局長は、がんその他の重度の健康障害を生ずるおそれのある業務で、政令で定めるものに従事していた者のうち、厚生労働省令で定める要件に該当する者に対し、（　a　）に、当該業務に係る健康管理手帳を交付するものとする。ただし、現に当該業務に係る健康管理手帳を所持している者については、この限りでない。

（2項以下省略）

第 68 条

　事業者は、伝染性の疾病その他の疾病で、厚生労働省令で定めるものにかかった労働者については、厚生労働省令で定めるところにより、その（　b　）しなければならない。

ア．a．離職の際に又は離職の後　　　b．就業を禁止

イ．a．離職の際　　　　　　　　　　b．休業を勧奨

ウ．a．離職の際に又は離職の後　　　b．休業を勧奨

エ．a．離職の際　　　　　　　　　　b．就業を禁止

問題 64.　　健康管理手帳及び病者の就業

第 67 条

　都道府県労働局長は、がんその他の重度の健康障害を生ずるおそれのある業務で、政令で定めるものに従事していた者のうち、厚生労働省令で定める要件に該当する者に対し、（a.**離職の際に又は離職の後**）に、当該業務に係る健康管理手帳を交付するものとする。ただし、現に当該業務に係る健康管理手帳を所持している者については、この限りでない。

（2 項以下省略）

第 68 条

　事業者は、伝染性の疾病その他の疾病で、厚生労働省令で定めるものにかかった労働者については、厚生労働省令で定めるところにより、その（b.**就業を禁止**）しなければならない。

正解　ア

問題 65. 労働者災害補償保険法の適用に関する以下のアからオまでの記述のうち、最も<u>適切ではない</u>ものを１つ選びなさい。

ア．インターンシップにおいて直接生産活動に従事し、その作業の利益が当該事業場に帰属し、かつ事業場と当該学生との間に使用従属関係が認められる場合には、当該学生に労働者災害補償保険法が適用される。

イ．試みの使用期間中の者であっても、雇入れの初日から労働者災害補償保険法が適用される。

ウ．適用事業に使用される労働者であれば、入管法による在留資格ないし就労資格を有しない外国人にも、労働者災害補償保険法の適用がある。

エ．移籍出向の場合における出向先の適用事業において労働に従事する者は、当該事業の事業主に使用される労働者に該当する。

オ．派遣労働者は、派遣元事業主に雇用される労働者であるが、派遣先の指揮命令を受けて従事した労働によって生じた業務災害については、派遣先を労災保険の適用事業として保険給付が行われる。

問題 65.　　労働者災害補償保険法の適用

ア　適　切。インターンシップにおいて直接生産活動に従事しその作業の利益が当該事業場に帰属し、かつ事業場と当該学生との間に使用従属関係が認められる場合には、当該学生に労働者災害補償保険法が適用される（同法 3 条 1 項、H9.9.18 基発第 636 号）。

イ　適　切。労働者災害補償保険法は、原則、労働者を使用する事業を適用事業としており、労働者とは、職業の種類を問わず、事業に使用される者で、賃金を支払われる者をいう（同法 3 条、労働基準法 9 条）。

ウ　適　切。適用事業に使用される不法就労外国人にも、労働者災害補償保険法の適用がある。労働災害補償保険法にいう労働者とは、労働基準法の労働者と同一である。すなわち、「事業に使用される者で、賃金を支払われる者」であり、当該事業が、労災保険の適用事業ならば、不法就労外国人であっても労働者災害補償保険法の適用があるとされている（同法 3 条 1 項、労働基準法 9 条）。

エ　適　切。「移籍型出向の出向労働者については、出向先とのみ労働契約関係があるので、出向先についてのみ労働基準法等の適用がある」とされており、労働者災害補償保険法の適用についても出向先において適用される。なお、移籍型出向は、出向先との間にのみ労働契約関係がある形態であり、出向元と出向労働者との労働契約関係は終了している（同法 3 条 1 項、S61.6.30 基発第 383 号、発労徴第 41 号）。

オ　不適切。派遣労働者は、派遣元事業主に雇用される労働者であり、派遣先の指揮命令を受けて従事した労働によって生じた業務災害についても、派遣元を労災保険の適用事業として保険給付が行われる（労働者派遣法 3 条、S61.6.30 基発 383 号）。

正解　オ

問題 66. 業務災害の認定に関する以下のアからエまでの記述のうち、最も<u>適切な</u>ものを1つ選びなさい。

ア．業務と負傷又は疾病との間に相当因果関係が認められない場合であっても、業務災害として認定されうる。

イ．業務上の負傷又は疾病といえるためには、業務起因性を必要とし、その前提として、業務遂行性がなければならないが、作業場内の休憩時間中においては、業務遂行性は認められない。

ウ．天災地変、すなわち暴風雨、水害、地震、土砂崩れ、雪害、落雷、噴火等は、それ自体としては業務と無関係な自然現象であることから、天災による災害を被りやすい業務上の事情があって、その事情と相まって災害が発生したものと認められる場合であっても、業務災害として認定することはできない。

エ．業務により所定の精神障害を発病したと認められる者が自殺を図った場合には、精神障害によって正常の認識、行為選択能力が著しく阻害され、あるいは自殺行為を思いとどまる精神的抑制力が著しく阻害されている状態に陥ったものと推定し、業務起因性が認められる。

問題 66.　　業務災害の認定

ア　不適切。業務災害として認定されるためには、業務と負傷又は疾病との間に相当因果関係がなければならない（労働者災害補償保険法7条1項1号）。

イ　不適切。業務上の負傷又は疾病といえるためには、業務起因性を必要とし、その前提として、業務遂行性がなければならないが、休憩時間中であっても、業務遂行性は否定されない（労働者災害補償保険法7条1項1号、S25.6.8 基災収1252号）。

ウ　不適切。天災地変、すなわち暴風雨、水害、地震、土砂崩れ、雪害、落雷、噴火等は、それ自体としては業務と無関係な自然現象であるが、天災による災害を被りやすい業務上の事情があって、その事情と相まって災害が発生したものと認められる場合には、業務に伴う危険が現実化して発生したものとして、業務災害とされる。（労働者災害補償保険法7条1項1号、S29.11.24 基収5564号）。

エ　適　切。業務により所定の精神障害を発病したと認められる者が自殺を図った場合には、精神障害によって正常の認識、行為選択能力が著しく阻害され、あるいは自殺行為を思いとどまる精神的抑制力が著しく阻害されている状態に陥ったものと推定し、業務起因性が認められる（労働者災害補償保険法7条1項1号、H23.12.26 基発1226 第1号）。

正解　エ

問題 67.　厚生労働省の「血管病変等を著しく増悪させる業務による脳血管疾患及び虚血性心疾患等の認定基準について」（令 3.9.14 基発 0914 第 1 号）における「短期間の過重業務」に関する以下のアからエまでの記述のうち、最も<u>適切ではないもの</u>を 1 つ選びなさい。

ア．「特に過重な業務」とは、日常業務に比較して特に過重な身体的、精神的負荷を生じさせたと客観的に認められる業務をいう。

イ．「発症に近接した時期」とは、発症前おおむね 1 か月間をいう。

ウ．「日常業務」とは、通常の所定労働時間内の所定業務内容をいう。

エ．特に過重な業務に就労したと認められるか否かについては、同種労働者にとっても、特に過重な身体的、精神的負荷と認められるか否かという観点から判断されるが、ここでいう「同種労働者」とは、当該労働者と職種、職場における立場や職責、年齢、経験等が類似する者をいい、基礎疾患を有していたとしても日常業務を支障なく遂行できる者を含む。

問題 67.　　過労死の認定

ア　適　切。「特に過重な業務」とは、日常業務に比較して特に過重な身体的、精神的負荷を生じさせたと客観的に認められる業務をいうものであり、日常業務に就労する上で受ける負荷の影響は、血管病変等の自然経過の範囲にとどまるものである。

イ　不適切。「発症に近接した時期」とは、発症前おおむね1週間をいう。

ウ　適　切。日常業務とは、通常の所定労働時間内の所定業務内容をいう。

エ　適　切。特に過重な業務に就労したと認められるか否かについては、同種労働者にとっても、特に過重な身体的、精神的負荷と認められるか否かという観点から判断されるが、ここでいう「同種労働者」とは、当該労働者と職種、職場における立場や職責、年齢、経験等が類似する者をいい、基礎疾患を有していたとしても日常業務を支障なく遂行できる者を含む。

正解　イ

問題 68. 通勤災害に関する以下のアからオまでの記述のうち、最も<u>適切ではないもの</u>を1つ選びなさい。

ア．通勤の途中において、電車が急停車したため転倒して受傷した場合や駅の階段から転落した場合など、通勤中に発生した災害は通勤災害の適用要件である「通勤による」場合に該当する。

イ．通勤の途中に怨恨をもってけんかをしかけられて負傷をした場合は、通勤をしていることが原因となり災害が発生したものではないので、通勤災害に該当しない。

ウ．通勤としての移動の経路を逸脱した場合であっても、日常生活上必要な行為であって厚生労働省令で定めるものをやむを得ない事由により行うための最小限度のものであるときは、当該逸脱の後の移動は、通勤災害の適用要件となる「通勤」に該当する。

エ．早出や長時間残業の際の宿泊場所として生活の本拠以外に有しているアパートは、通勤災害の適用要件である「住居」には該当しない。

オ．通勤とは、労働者が、就業に関し、住居と就業の場所との間を、合理的な経路及び方法により往復すること（業務の性質を有するものを除く。）をいうが、他に子供を監護する者がいない共稼ぎ労働者が保育園等にその子供を預けるためにとる経路は、合理的な経路として認められている。

問題 68.　　　通勤災害

ア　適　切。通勤の途中において、電車が急停車したため転倒して受傷した場合や駅の階段から転落した場合など通勤中に発生した災害は通勤によるものと認められる（労働者災害補償保険法 7 条 1 項 3 号、H18.3.31 基発 0331042 号）。

イ　適　切。通勤の途中に怨恨をもってけんかをしかけられて負傷をした場合は、通勤をしていることが原因となり災害が発生したものではないので、通勤災害とは認められない（労働者災害補償保険法 7 条 1 項 3 号、H18.3.31 基発 0331042 号）。

ウ　適　切。労働者が、通勤としての移動の経路を逸脱し、又は移動を中断した場合においては、当該逸脱又は中断の間及びその後の移動は、通勤に該当しない（労働者災害補償保険法 7 条 3 項本文）。ただし、当該逸脱又は中断が、日常生活上必要な行為であって厚生労働省令で定めるものをやむを得ない事由により行うための最小限度のものである場合は、当該逸脱又は中断の間を除き、通勤とされる（同条項但書）。

エ　不適切。通勤災害の適用要件である「住居」とは、労働者の就業の拠点となる居住場所のことをいい、早出や長時間残業の際の宿泊場所として生活の本拠以外に有しているアパートは、「住居」に該当する（労働者災害補償保険法 7 条 2 項 1 号、H18.3.31 基 331042 号）。

オ　適　切。通勤とは、労働者が、就業に関し、住居と就業の場所との間を、合理的な経路及び方法により往復すること（業務の性質を有するものを除く）をいい、他に子供を監護する者がいない共稼ぎ労働者が託児所、親せき等にあずけるためにとる経路などは、そのような立場にある労働者であれば、当然、就業のためにとらざるを得ない経路であるので、合理的な経路となるものと認められる（労働者災害補償保険法 7 条 2 項、平 27.3.31 基発 0331 第 21 号）。

正解　エ

問題 69. 労働者災害補償保険法における療養補償給付および休業補償給付に関する以下のアからエまでの記述のうち、最も<u>適切ではない</u>ものを１つ選びなさい。

ア．療養補償給付は、社会復帰促進等事業として設置された病院、診療所、又は都道府県労働局長の指定する病院、診療所、薬局、訪問看護事業者において行われる。

イ．療養の給付をすることが困難な場合又は療養の給付を受けないことについて労働者に相当の理由がある場合には、療養の給付に代えて療養の費用が支給される。

ウ．政府は、療養の給付に代えて療養の費用を支給することができるが、療養の給付と療養の費用の支給のいずれを受給するかについて、被災労働者が選択することはできない。

エ．休業補償給付は、労働者が業務上の負傷又は疾病の療養により労働することができないために賃金を受けない日の翌日から支給される。

問題 69.　療養補償給付・休業補償給付

ア　適　切。療養補償給付は、社会復帰促進等事業として設置された病院、診療所又は都道府県労働局長の指定する病院、診療所、薬局、訪問看護事業者（指定病院等）において行われる（労働者災害補償保険法 13 条 1 項、同法施行規則 11 条 1 項）。

イ　適　切。療養の給付をすることが困難な場合のほか、療養の給付を受けないことについて労働者に相当の理由がある場合には、療養の給付に代えて療養の費用が支給される（労働者災害補償保険法 13 条 3 項、同法施行規則 11 条の 2）。

ウ　適　切。療養補償給付は、現物支給が原則であり、療養の給付と療養の費用の支給のいずれかを被災労働者が選択して受給できるものではない。政府は、療養の給付をすることが困難な場合、療養の給付を受けないことについて労働者に相当の理由がある場合は、療養の給付に代えて療養の費用を支給することができる（労働者災害補償保険法 13 条 3 項、同法施行規則 11 条 1 項・11 条の 2）。

エ　不適切。休業補償給付は、労働者が業務上の負傷又は疾病の療養により労働することができないために賃金を受けない日の 4 日目から支給される（労働者災害補償保険法 14 条 1 項）。賃金を受けない日の翌日から支給されるのではない。

正解　エ

問題 70. 労働者災害補償保険法における休業補償給付に関する以下のアからエまでの記述のうち、最も<u>適切ではない</u>ものを１つ選びなさい。

ア．労働者が刑事施設、労役場、少年院等の施設に拘禁または収容されている場合には、休業補償給付は支給されない。

イ．休業補償給付の待期期間については、労働基準法に基づき、使用者が直接に休業補償を行う必要がある。

ウ．休業補償給付は、労働者が業務上の負傷又は疾病の療養により労働することができないために賃金を受けない日の４日目から支給される。

エ．休業補償給付は、出勤停止の懲戒処分など、雇用契約上賃金請求権が発生しない日について、支給されることはない。

問題 70.　　休業補償給付

ア　適　切。労働者が刑事施設、労役場、少年院等の施設に拘禁または収容されている場合には、休業補償給付は支給されない（労働者災害補償保険法14条の2、規則12条の4）。

イ　適　切。休業補償給付は、労働者が業務上の負傷又は疾病による療養のため労働することができないために賃金を受けない日の第4日目から支給される。もっとも、休業開始からの3日間については、休業補償給付が支給されないため、労働基準法76条により使用者が直接に休業補償を行う必要があるとされている（労働者災害補償保険法14条1項、労働基準法76条、84条1項、S40.7.31 基発901号）。

ウ　適　切。休業補償給付は、労働者が業務上の負傷又は疾病の療養により労働することができないために賃金を受けない日の4日目から支給される（労働者災害補償保険法14条1項）。

エ　不適切。休業補償給付は、労働者が業務上の傷病により療養のため労働不能の状態にあって賃金を受けることができない場合に支給されるものであり、所定の条件を具備する限り、その者が休日又は出勤停止の懲戒処分を受けた等の理由で雇用契約上賃金請求権を有しない日についても、休業補償給付の支給がされる（労働者災害補償保険法14条1項、最判昭58.10.13 雪島鉄工所事件）。

正解　エ

問題 71. 労働保険料徴収法に関する以下のアからオまでの記述のうち、最も
　　　　適切なものを1つ選びなさい。

ア．労働保険適用事業の事業主は、その事業が開始された日から 10 日
　　以内に保険関係成立届を所轄労働基準監督署長または所轄公共職
　　業安定所長に提出しなければならず、労働保険の保険関係は、この
　　保険関係成立届が提出された日に成立する。

イ．労災保険料率は、すべての適用事業の過去 5 年間の業務災害及び
　　通勤災害の災害率などを考慮して、厚生労働大臣が定める。

ウ．保険関係が成立している事業が廃止され、又は終了したときは、そ
　　の事業についての保険関係は、その日に消滅する。

エ．既に納付した概算保険料の額が申告した確定保険料の額を超える
　　場合において、事業主が次の保険年度の概算保険料又は未納の労
　　働保険料に充当する請求をしないときは、労働保険料の超過額が当
　　該事業主に還付される。

オ．事業主（保険年度の中途に労働保険の保険関係が成立した場合を
　　除く。）は、保険年度ごとに、所定の労働保険料を、その労働保険
　　料の額等を記載した申告書に添えて、原則として、その保険年度の
　　7 月 10 日までに概算保険料を納付しなければならない。

問題 71.　　labeled:労働保険料徴収法

ア　不適切。労働保険（労災保険・雇用保険）の保険関係は、適用事業の事業主について、その事業が開始された日に法律上当然に成立する（労働保険料徴収法3条、4条）。そして、保険関係が成立した事業の事業主は、その成立した日から 10 日以内に、法定の事項（その成立した日、事業主の氏名又は名称及び住所、事業の種類、事業の行われる場所その他厚生労働省令で定める事項）を政府に届け出なければならない（労働保険料徴収法 4 条の 2 第 1 項）。保険関係の成立前に保険関係成立届を提出するということはない。

イ　不適切。労災保険料率は、すべての適用事業の過去 3 年間の業務災害及び通勤災害の災害率などを考慮して、厚生労働大臣が定める（労働保険料徴収法 12 条 2 項）。

ウ　不適切。保険関係が成立している事業が廃止され、又は終了したときは、その事業についての保険関係は、その翌日に消滅する（労働保険料徴収法 5 条）。

エ　不適切。既に納付した概算保険料の額が申告した確定保険料の額を超える場合において、事業主が還付請求をしたときは、超過額が還付され、事業主が還付請求をしないときは、次の保険年度の概算保険料又は未納の労働保険料、その他徴収法の規定による徴収金に充当される（労働保険料徴収法 19 条 6 項、規則 36、37条）。

オ　適　切。事業主（保険年度の中途に労働保険の保険関係が成立した場合を除く）は、保険年度ごとに、所定の労働保険料を、その労働保険料の額等を記載した申告書に添えて、その保険年度の 6 月1 日から 40 日以内（原則として 7 月 10 日まで）に概算保険料を納付しなければならない（労働保険料徴収法 15 条 1 項）。

正解　オ

問題 72. 男女雇用機会均等法に関する以下のアからエまでの記述のうち、最も<u>適切ではない</u>ものを1つ選びなさい。

ア. 事業主は、労働者の募集及び採用について、その性別にかかわりなく均等な機会を与えなければならず、募集・採用にあたって男女のいずれかを排除すること、募集・採用の条件を男女で異なるものとすることは禁止される。

イ. 事業主は、住宅資金の貸付けその他これに準ずる福利厚生の措置であって厚生労働省令で定めるもの、例えば、労働者の資産形成のために行われる金銭の給付、住宅の貸与等について、労働者の性別を理由として、差別的取扱いをしてはならない。

ウ. 事業主は、労働者の昇進に関する事項について、労働者の性別を理由として、差別的取扱いをしてはならず、労働者が勤務する事業場と異なる事業場に配置転換された経験があることを昇進の要件とすることも、労働者の性別を理由とするものではないので、認められる。

エ. 性別を理由とする差別の禁止及び性別以外の事由を要件とする措置に関する男女雇用機会均等法の規定は、事業主が、雇用の分野における男女の均等な機会及び待遇の確保の支障となっている事情を改善することを目的として女性労働者に関して行う措置を講ずることを妨げるものではない。

問題 72.　　男女雇用機会均等法

ア　適　切。事業主は、労働者の募集及び採用について、その性別にかかわりなく均等な機会を与えなければならず（男女雇用機会均等法5条）、募集・採用にあたって男女のいずれかを排除すること、募集・採用の条件を男女で異なるものとすること等が禁止される（H18.10.11 厚労告 614 号、H25.12.24 厚労告 382 号改正）。

イ　適　切。事業主は、住宅資金の貸付けその他これに準ずる福利厚生の措置であって厚生労働省令で定めるもの、例えば、労働者の資産形成のために行われる金銭の給付、住宅の貸与等について、労働者の性別を理由として、差別的取扱いをしてはならない（男女雇用機会均等法6条2号、施行規則1条）。

ウ　不適切。事業主は、労働者の昇進に関する措置であって、労働者が勤務する事業場と異なる事業場に配置転換された経験があることを要件とするものについては、このような措置を講じる合理的な理由がある場合でなければ、これを講じてはならない（男女雇用機会均等法7条、施行規則2条3号）。

エ　適　切。性別を理由とする差別の禁止及び性別以外の事由を要件とする措置に関する均等法の規定は、事業主が、雇用の分野における男女の均等な機会及び待遇の確保の支障となっている事情を改善することを目的として女性労働者に関して行う措置を講ずることを妨げるものではない（男女雇用機会均等法8条）。

正解　ウ

問題 73. 婚姻、妊娠、出産等を理由とする不利益取扱いの禁止規定に関する以下のアからエまでの記述のうち、最も<u>適切ではない</u>ものを1つ選びなさい。

ア．労働者が軽易業務への転換及び当該措置により受ける有利な影響と不利な影響の内容や程度、当該措置に係る事業主による説明の内容その他の経緯や当該労働者の意向等に照らして、当該労働者につき自由な意思に基づいて降格を承諾したものと認めるに足りる合理的な理由が客観的に存在するときには、婚姻、妊娠、出産等を理由とする不利益取扱いの禁止規定に違反しない。

イ．判例は、労働者の自由な意思に基づく承諾の存否につき、当該措置により労働者が受ける利益と不利益、使用者の説明、労働者の意向等に照らして軽易業務転換を契機とする降格の影響を十分に理解した上で諾否を決定し得たか否かという観点からその存否を判断すべきであるとしている。

ウ．事業主が労働者に対し降格の措置を執ることなく軽易業務への転換をさせることについて、業務上の必要性に基づく特段の事由が認められる場合であっても、当該労働者本人の承諾を得なければ、婚姻、妊娠、出産等を理由とする不利益取扱いの禁止規定の違反となる。

エ．判例は、特段の事情の存否に係る判断においては、当該労働者の配置後の業務の性質や内容、配置後の職場の組織や業務態勢及び人員配置の状況、当該労働者の知識や経験等が勘案された上で検討されるべきであるとしている。

問題 73.　　婚姻、妊娠、出産等を理由とする不利益取扱いの禁止規定

ア　適　切。労働者が軽易業務への転換及び当該措置により受ける有利な影響と不利な影響の内容や程度、当該措置に係る事業主による説明の内容その他の経緯や当該労働者の意向等に照らして、当該労働者につき自由な意思に基づいて降格を承諾したものと認めるに足りる合理的な理由が客観的に存在するときには、婚姻、妊娠、出産等を理由とする不利益取扱いの禁止規定に違反しない（最判平 26.10.23　広島中央保健生活協同組合事件）。

イ　適　切。判例は、労働者の自由な意思に基づく承諾の存否につき、当該措置により労働者が受ける利益と不利益、使用者の説明、労働者の意向等に照らして軽易業務転換を契機とする降格の影響を十分に理解した上で諾否を決定し得たか否かという観点からその存否を判断すべきであるとしている（最判平 26.10.23　広島中央保健生活協同組合事件）。

ウ　不適切。事業主が労働者に対し降格の措置を執ることなく軽易業務への転換をさせることについて、業務上の必要性に基づく特段の事由が認められる場合は、当該労働者本人の承諾を得なくても、婚姻、妊娠、出産等を理由とする不利益取扱いの禁止規定に違反しない（最判平 26.10.23　広島中央保健生活協同組合事件）。

エ　適　切。判例は、特段の事情の存否に係る判断においては、当該労働者の配置後の業務の性質や内容、配置後の職場の組織や業務態勢及び人員配置の状況、当該労働者の知識や経験等が勘案された上で検討されるべきであるとしている（最判平 26.10.23　広島中央保健生活協同組合事件）。

正解　ウ

問題 74. 職場におけるセクシュアルハラスメントの定義に関する以下のア
からオまでの記述のうち、最も<u>適切な</u>ものを1つ選びなさい。

ア.「労働者」とは、正規雇用労働者のみならず、パートタイム労働
者、契約社員、派遣労働者などいわゆる非正規雇用労働者を含む。
派遣労働者については、派遣先あるいは派遣元どちらかの一方でハ
ラスメント防止対策の措置を講じていれば足りるとしている。

イ.「職場」とは、労働者が業務を遂行する場所を指し、事業所内に
限らず出張先や取引先、営業車の中も「職場」として含まれる他、
勤務時間外の「宴会」「懇親の場」なども、職務との関連性、参加が
強制的か任意かにかかわらず「職場」に含まれる。

ウ.「意に反する」言動は、労働者から抗議又は抵抗など明確な意思
表示がある場合に限られる。

エ.「不快な言動」に該当するか否かの判断については、被害労働者の
感じ方を基準として判断しなければならない。

オ.「性的な言動」とは、性的な内容の発言及び性的な行動を指し、
この「性的な内容の発言」には、性的な事実関係を尋ねること、性
的な内容の情報を意図的に流布すること等が、「性的な行動」には、
性的な関係を強要すること、必要なく身体に触ること、わいせつな
図画を配布すること等が、それぞれ含まれる。

問題 74.　　セクシュアルハラスメントの定義

ア　不適切。「労働者」とは、正規雇用労働者のみならず、パートタイム労働者、契約社員などいわゆる非正規雇用労働者を含む、事業主が雇用する全ての労働者をいう。また、派遣労働者については、派遣元事業主のみならず、労働者派遣の役務の提供を受ける者（派遣先事業主）も、自ら雇用する労働者と同様に、措置を講じる必要がある。

イ　不適切。「職場」とは、事業主が雇用する労働者が業務を遂行する場所を指し、労働者が通常就業している場所以外の場所であっても、労働者が業務を遂行する場所であれば「職場」に含まれる。勤務時間外の「宴会」「懇親の場」などであっても、実質上職務の延長と考えられるものは「職場」に該当するが、その判断に当たっては、職務との関連性、参加者、参加が強制的か任意かといったことを考慮して個別に行う必要がある。

ウ　不適切。職場の人間関係のなかでは、必ずしも「意に反する」言動であるという労働者の明確な意思表示があるとは限らない。判例は「抗議・抵抗がなかったからといってセクシュアルハラスメントがなかったとはいえない」としている。

エ　不適切。男女の認識の違いにより生じている面があることを考慮すると、「不快な言動」に該当するか否かの判断については、被害を受けた労働者が女性である場合には「平均的な女性労働者の感じ方」を基準とし、被害を受けた労働者が男性である場合には「平均的な男性労働者の感じ方」を基準とすることが適当である。

オ　適　切。「性的な言動」とは、性的な内容の発言及び性的な行動を指し、この「性的な内容の発言」には、性的な事実関係を尋ねること、性的な内容の情報を意図的に流布すること等が、「性的な行動」には、性的な関係を強要すること、必要なく身体に触ること、わいせつな図画を配布すること等が、それぞれ含まれる。

正解　オ

問題 75. 次の文章を読み、（　　　）に入る<u>適切な語句の組合せ</u>を、以下のア
　　　　からエまでのうち１つ選びなさい。

【事件概要】

　被告会社の従業員Mは、ビデオカメラを使って会社の女子更衣室で
原告Xらを密かに撮影していた。会社はこれに気付いたが、ビデオカ
メラの向きを逆さにしただけで、カメラの撤去、犯人の追及等をしな
かったため、Mは撮影をし続けた。その後、会社側が犯人を探索した
ところ、Mが名乗り出たので、Mを懲戒解雇した。

　被告であるY専務取締役は、後日の朝礼においてXがMと男女関係
にあるような発言をし、またXに１日休んで会社での勤務を続けるか
どうかについて考えてくるように発言した。これにより、Xの就業環
境が害され、会社に居づらくなったXは退職をした。

【判決要旨】

　被告会社は、雇用契約に付随して、「原告の（　a　）を侵害される
ことがないように職場の環境を整える義務」とともに「原告がその意
に反して退職することがないように職場の環境を整える義務があると
いうべきである。」とし、これらの義務を怠った会社には（　b　）責
任があるとした。

　また、専務取締役個人にも（　c　）による損害賠償義務を認め、
退職による逸失利益として180日分の賃金相当額（約79万円）、慰謝
料として100万円（専務に対する関係では50万円）、弁護士費用15
万円を認容している。

　　　　　　　　　　　　　　　（京都地判平 9.4.17　呉服販売会社事件）

ア．a．勤労権　　　　　　b．不法行為　　　　　c．債務不履行

イ．a．プライバシー　　　b．債務不履行　　　　c．不法行為

ウ．a．プライバシー　　　b．不法行為　　　　　c．債務不履行

エ．a．勤労権　　　　　　b．債務不履行　　　　c．不法行為

問題 75.　　　セクシュアル・ハラスメント

被告会社は、雇用契約に付随して、「原告の（ a . **プライバシー**）を侵害されることがないように職場の環境を整える義務」とともに「原告がその意に反して退職することがないように職場の環境を整える義務があるというべきである。」とし、これらの義務を怠った会社には（ b . **債務不履行**）責任があるとした。また、専務取締役個人にも（ c . **不法行為**）による損害賠償義務を認め、退職による逸失利益（退職しなければ得られたであろう利益）として 180 日分の賃金相当額（約 79 万円）、慰謝料として 100 万円（専務に対する関係では 50 万円）、弁護士費用 15 万円を認容している。（京都地判平 9.4.17 呉服販売会社事件）

正解　イ

問題 76. 職場におけるパワーハラスメントに関する以下のアからオまでの記述のうち、最も<u>適切ではない</u>ものを1つ選びなさい。

ア．パワーハラスメントは、①優越的な関係を背景とした言動であって、②業務上必要かつ相当な範囲を超えたものにより、③労働者の就業環境が害されるものであり、①から③までの要素を全て満たすものをいう。

イ．行為者には意図・意識がなく、その言動も「パワーハラスメント」だと断定することはできない「グレーゾーン」にある行為であっても、会社が放置すれば、職場環境が悪化したり、受け手側のストレスが蓄積してメンタルヘルスに不調をきたす場合がある。

ウ．パワーハラスメントの成立要件である「業務上必要かつ相当な範囲を超えた」言動とは、社会通念に照らし、当該言動が明らかに業務上の必要性がない、かつ、その態様が相当でないものであることをいう。

エ．労働者は、優越的言動問題に対する関心と理解を深め、他の労働者に対する言動に必要な注意を払うとともに、事業主が講ずるパワーハラスメントの防止措置に協力するように努めなければならない。

オ．パワーハラスメントが暴行・脅迫などの犯罪行為に該当する場合、公益通報者保護法が適用される公益通報の要件（通報対象事実）に該当する。

問題 76. パワーハラスメントの認定

ア 適 切。パワーハラスメントは、①優越的な関係を背景とした言動であって、②業務上必要かつ相当な範囲を超えたものにより、③労働者の就業環境が害されるものであり、①から③までの要素を全て満たすものをいう。

イ 適 切。行為者には意図・意識がなく、その言動も「パワーハラスメント」だと断定することはできない「グレーゾーン」にある行為であっても、会社が放置すれば、職場環境が悪化したり、受け手側のストレスが蓄積してメンタルヘルスに不調をきたす場合がある。

ウ 不適切。パワーハラスメントの成立要件である「業務上必要かつ相当な範囲を超えた」言動とは、社会通念に照らし、当該行為が明らかに業務上の必要性がない、又はその態様が相当でないものであることをいう。

エ 適 切。労働者は、優越的言動問題に対する関心と理解を深め、他の労働者に対する言動に必要な注意を払うとともに、事業主が講ずるパワーハラスメントの防止措置に協力するように努めなければならない（労働施策総合推進法 30 条の 3 第 4 項）。

オ 適 切。パワーハラスメントが暴行・脅迫などの犯罪行為に該当する場合、公益通報者保護法が適用される公益通報の要件（通報対象事実）に該当する（公益通報者保護法 2 条 3 項 1 号)。

正解 ウ

問題 77. 女性活躍推進法に関する以下のアからエまでの記述のうち、最も適切なものを1つ選びなさい。

ア. 女性活躍推進法は、男女共同参画社会基本法の基本理念にのっとり、女性の職業生活における活躍の推進について、その基本原則を定め、国、地方公共団体及び事業主の責務を明らかにすることを目的としているが、急速な少子高齢化の進展等の社会経済情勢の変化に対応できる豊かで活力ある社会を実現することまでは目的としていない。

イ. 女性の職業生活における活躍の推進は、家族を構成する男女が、育児、介護その他の家庭生活における活動について家族の一員としての役割を円滑に果たしつつ職業生活における活動を行うために必要な環境の整備等により、男女の職業生活と家庭生活との円滑かつ継続的な両立が可能となることを旨として、行われなければならない。

ウ. 厚生労働大臣は、一般事業主行動計画に係る届出をした一般事業主からの申請に基づき、当該取組の実施の状況が優良なものであってその他の厚生労働省令で定める基準に適合するときは、ホワイト企業として認定することができる。

エ. 常時雇用する労働者の数が50人を超える一般事業主は、事業主行動計画策定指針に即して、一般事業主が実施する女性の職業生活における活躍の推進に関する取組に関する計画を定め、厚生労働大臣に届け出なければならない。

問題 77. 女性活躍推進法

ア 不適切。女性活躍推進法１条は、「この法律は、近年、自らの意思によって職業生活を営み、又は営もうとする女性がその個性と能力を十分に発揮して職業生活において活躍することが一層重要となっていることに鑑み、男女共同参画社会基本法…の基本理念にのっとり、女性の職業生活における活躍の推進について、その基本原則を定め、並びに国、地方公共団体及び事業主の責務を明らかにするとともに、基本方針及び事業主の行動計画の策定、女性の職業生活における活躍を推進するための支援措置等について定めることにより、女性の職業生活における活躍を迅速かつ重点的に推進し、もって男女の人権が尊重され、かつ、急速な少子高齢化の進展、国民の需要の多様化その他の社会経済情勢の変化に対応できる豊かで活力ある社会を実現することを目的とする。」と規定している。

イ 適　切。女性活躍推進法２条は、同法１条の目的に従い、女性の職業生活における活躍の推進の基本原則を定めている。女性活躍推進法２条２項は、「女性の職業生活における活躍の推進は、職業生活を営む女性が結婚、妊娠、出産、育児、介護その他の家庭生活に関する事由によりやむを得ず退職することが多いことその他の家庭生活に関する事由が職業生活に与える影響を踏まえ、家族を構成する男女が、男女の別を問わず、相互の協力と社会の支援の下に、育児、介護その他の家庭生活における活動について家族の一員としての役割を円滑に果たしつつ職業生活における活動を行うために必要な環境の整備等により、男女の職業生活と家庭生活との円滑かつ継続的な両立が可能となることを旨として、行われなければならない。」と規定している。

ウ 不適切。厚生労働大臣は、一般事業主行動計画に係る届出をした一般事業主からの申請に基づき、当該事業主の女性の職業生活における活躍の推進に関する取組について、実施の状況が優良なものであって認定基準に適合するときは、えるぼし企業として認定することができる（女性活躍推進法９条）。ホワイト企業とは、労働者の安全や健康を確保するための対策に積極的に取り組み、高い安全衛生水準を維持・改善していると厚生労働省から認定を受けた企業のことである。

エ　不適切。常時雇用する労働者の数が 100 人を超える一般事業主は、事業主行動計画策定指針に即して、一般事業主が実施する女性の職業生活における活躍の推進に関する取組に関する計画を定め、厚生労働大臣に届け出なければならない。(女性活躍推進法 8 条 1 項)。

正解　イ

問題 78. パートタイム労働法に関する以下のアからエまでの記述のうち、最も<u>適切ではない</u>ものを１つ選びなさい。

ア．パートタイム労働法の適用対象である「短時間労働者」とは、１週間の所定労働時間が同一の事業主に雇用される通常の労働者の１週間の所定労働時間と比べて短い労働者をいう。

イ．事業主は、短時間労働者に係る事項について就業規則を作成し、又は変更しようとするときは、当該事業所において雇用する短時間労働者の過半数を代表する者の意見を聴くように努めなければならない。

ウ．事業主は、短時間・有期雇用労働者を雇い入れた場合は、当該短時間・有期雇用労働者に対し、通常の労働者との間の待遇の相違の内容及び理由について説明しなければならない。

エ．事業主は、常時 10 人以上の短時間・有期雇用労働者を雇用する事業所ごとに、厚生労働省令で定めるところにより、指針に定める事項その他の短時間・有期雇用労働者の雇用管理の改善等に関する事項を管理させるため、短時間・有期雇用管理者を選任するように努めなければならない。

問題 78.　　　パートタイム労働法

ア　適　切。パートタイム労働法の適用対象である「短時間労働者」とは、
　　　　　　　１週間の所定労働時間が同一の事業主に雇用される通常の労働
　　　　　　　者（当該事業主に雇用される通常の労働者と同種の業務に従事
　　　　　　　する当該事業主に雇用される労働者にあっては、厚生労働省令
　　　　　　　で定める場合を除き、当該労働者と同種の業務に従事する当該
　　　　　　　通常の労働者）の１週間の所定労働時間に比し短い労働者をい
　　　　　　　う（パートタイム労働法２条）。

イ　適　切。事業主は、短時間労働者に係る事項について就業規則を作成
　　　　　　　し、又は変更しようとするときは、当該事業所において雇用す
　　　　　　　る短時間労働者の過半数を代表すると認められるものの意見を
　　　　　　　聴くように努めるものとされている（パートタイム労働法７条
　　　　　　　１項）。

ウ　不適切。事業主は、その雇用する短時間・有期雇用労働者から求めが
　　　　　　　あったときは、当該短時間・有期雇用労働者と通常の労働者と
　　　　　　　の間の待遇の相違の内容及び理由並びにパートタイム労働法６
　　　　　　　条から 13 条までの規定により措置を講ずべきこととされてい
　　　　　　　る事項に関する決定をするに当たって考慮した事項について、
　　　　　　　当該短時間・有期雇用労働者に説明しなければならない（パー
　　　　　　　トタイム労働法 14 条１項）。よって、短時間・有期雇用労働者
　　　　　　　から求めがないときは、説明をしなくてもよい。

エ　適　切。事業主は、常時 10 人以上の短時間・有期雇用労働者を雇用する
　　　　　　　事業所ごとに、厚生労働省令で定めるところにより、指針に定
　　　　　　　める事項その他の短時間・有期雇用労働者の雇用管理の改善等
　　　　　　　に関する事項を管理させるため、短時間・有期雇用管理者を選
　　　　　　　任するように努めるものとされている（パートタイム労働法 17
　　　　　　　条、規則６条）。

正解　ウ

問題 79. 均等待遇と均衡待遇に関する次の文章中の（　　）に入る<u>適切な</u>
<u>語句</u>の組合せを、以下のアからエまでのうち１つ選びなさい。

　　（　a　）とは、短時間・有期雇用労働者と通常の労働者との間で、
①職務の内容、②職務の内容・配置の変更の範囲、③その他の事情を
考慮して不合理な待遇差を禁止することである。そして、成果、能力、
経験、合理的な労使の慣行、労使交渉の経緯は、「（　b　）」として想
定されている。
　　（　c　）とは、短時間・有期雇用労働者と通常の労働者との間で、
①職務の内容、②職務の内容・配置の変更の範囲が同じ場合は、短時
間・有期雇用労働者であることを理由とした差別的取扱いを禁止する
ことである。

ア．a．均等待遇　b．その他の事情　　　　　　　　c．均衡待遇

イ．a．均等待遇　b．職務の内容・配置の変更の範囲　c．均衡待遇

ウ．a．均衡待遇　b．その他の事情　　　　　　　　c．均等待遇

エ．a．均衡待遇　b．職務の内容・配置の変更の範囲　c．均等待遇

問題 79.　　　同一労働同一賃金

（a.**均衡待遇**）とは、短時間・有期雇用労働者と通常の労働者との間で、①職務の内容、②職務の内容・配置の変更の範囲、③その他の事情を考慮して不合理な待遇差を禁止することである。そして、成果、能力、経験、合理的な労使の慣行、労使交渉の経緯は、「（b.**その他の事情**）」として想定されている。

（c.**均等待遇**）とは、短時間・有期雇用労働者と通常の労働者との間で、①職務の内容、②職務の内容・配置の変更の範囲が同じ場合は、短時間・有期雇用労働者であることを理由とした差別的取扱いを禁止することである。

厚生労働省「不合理な待遇差解消のための点検・検討マニュアル（パートタイム・有期雇用労働法への対応）」

正解　ウ

問題 80. 同一労働同一賃金に関する以下のアからエまでの記述のうち、最も
　　　　適切ではないものを１つ選びなさい。

　ア．同一労働同一賃金は、いわゆる正規雇用労働者（無期雇用フルタイ
　　　ム労働者）と非正規雇用労働者（有期雇用労働者、パートタイム労
　　　働者、派遣労働者）の間の不合理な待遇差の解消を目指すものであ
　　　る。

　イ．各企業が職務や能力等の内容の明確化と、それに基づく公正な評価
　　　を推進し、それに則った賃金制度を、労使の話し合いにより、可能
　　　な限り速やかに構築していくことが、同一労働同一賃金の実現には
　　　望ましい。

　ウ．「短時間・有期雇用労働者及び派遣労働者に対する不合理な待遇の
　　　禁止等に関する指針」は、正規雇用労働者と非正規雇用労働者の間
　　　に実際に待遇差が存在する場合に参照されることを目的としてい
　　　るため、そもそも客観的に見て待遇差が存在しない場合は、本指針
　　　の対象にはならない。

　エ．「均等待遇」とは、正規雇用労働者と非正規雇用労働者との間の待
　　　遇に相違がある場合に、待遇の相違は、①職務内容、②当該職務の
　　　内容及び配置の変更の範囲、③その他の事情の３要素を考慮して、
　　　不合理があってはならないとすることである。

問題 80.　　　|同一労働同一賃金|

ア　適　切。「同一労働同一賃金は、いわゆる正規雇用労働者（無期雇用フル
　　　　　　　タイム労働者）と非正規雇用労働者（有期雇用労働者、パート
　　　　　　　タイム労働者、派遣労働者）の間の不合理な待遇差の解消を目
　　　　　　　指すものである」（同一労働同一賃金ガイドライン）。

イ　適　切。「今後、各企業が職務や能力等の内容の明確化と、それに基づく
　　　　　　　公正な評価を推進し、それに則った賃金制度を、労使の話し合
　　　　　　　いにより、可能な限り速やかに構築していくことが、同一労働
　　　　　　　同一賃金の実現には望ましい」（同一労働同一賃金ガイドライ
　　　　　　　ン）。

ウ　適　切。短時間・有期雇用労働者及び派遣労働者に対する不合理な待遇
　　　　　　　の禁止等に関する指針は、同一の企業・団体における、正規雇
　　　　　　　用労働者と非正規雇用労働者の間の不合理な待遇差を是正する
　　　　　　　ことを目的としているため、正規雇用労働者と非正規雇用労働
　　　　　　　者の間に実際に待遇差が存在する場合に参照されることを目的
　　　　　　　としている。このため、そもそも客観的に見て待遇差が存在し
　　　　　　　ない場合については、本指針は対象としていない。

エ　不適切。「均等待遇」とは、正規雇用労働者と非正規雇用労働者の間で、
　　　　　　　職務内容等が同一であれば、同一の待遇をし、「均衡待遇」とは、
　　　　　　　非正規雇用労働者に対し、正規雇用労働者と異なる待遇をする
　　　　　　　ならば、その待遇の差異に不合理があってはならないという考
　　　　　　　え方である。本記述は、「均衡待遇」についてのものである。

　　　　　　　　　　　　　　　　　　　　　　　　　　|正解　エ|

問題 81. シルバー人材センターに関する以下のアからエまでの記述のうち、最も<u>適切ではない</u>ものを 1 つ選びなさい。

ア．シルバー人材センターは、国や地方公共団体の高齢社会対策を支える重要な組織として、高年齢者雇用安定法に基づいて事業を行う、都道府県知事の指定を受けた公益法人である。

イ．シルバー人材センターは、継続的かつ長期的な就業又はその他の専門的な業務に係る就業を希望する高年齢退職者のために、これらの就業の機会を確保し、及び組織的に提供する。

ウ．高年齢退職者の就業機会の確保のため、都道府県知事が指定した場合に、シルバー人材センターが、派遣と職業紹介に限り、会員に週 40 時間を上限とする業務を提供できる。

エ．シルバー人材センターは、会員に働く機会を提供することを通じて、会員の生きがいの充実や生活の安定、また、地域社会の発展や現役世代の下支えなどを推進することを目的としている。

問題 81.　│シルバー人材センター│

ア　適　切。シルバー人材センターは、国や地方公共団体の高齢社会対策を支える重要な組織として、高年齢者雇用安定法に基づいて事業を行う、都道府県知事の指定（高年齢者雇用安定法 37 条）を受けた公益法人である。

イ　不適切。「継続的かつ長期的な就業」が誤りで、正しくは「臨時的かつ短期的な就業」である。シルバー人材センターは、臨時的かつ短期的な就業（雇用によるものを除く）又はその他の軽易な業務に係る就業（雇用によるものを除く）を希望する高年齢退職者のために、これらの就業の機会を確保し、及び組織的に提供する（高年齢者雇用安定法 38 条 1 項）。
　・臨時的・短期的な業務：概ね月 10 日程度以内
　・軽易な業務：概ね週 20 時間を超えないことを目安（H6.11.4 職高発第 1104001 号）

ウ　適　切。都道府県知事が指定した場合に、シルバー人材センターが、派遣と職業紹介に限り、会員に週 40 時間を上限とする業務を提供することができるようになった（高年齢者雇用安定法 39 条）。

エ　適　切。シルバー人材センターは、会員に働く機会を提供することを通じて、会員の生きがいの充実や生活の安定、また、地域社会の発展や現役世代の下支えなどを推進することを目的としている（厚生労働省「シルバー人材センターの適正就業ガイドライン」）。

│正解　イ│

問題 82. 労働組合に関する以下のアからエまでの記述のうち、最も<u>適切では</u><u>ないもの</u>を１つ選びなさい。

ア．労働組合は、規約で定めた解散事由の発生又は組合員又は構成団体の３分の２以上の多数による総会の決議によって解散する。

イ．監督的地位にある労働者や、その他使用者の利益を代表する者が参加するものは、労働組合法における「労働組合」には該当しない。

ウ．判例によれば、使用者と過半数労働組合との間で、組合員の賃金から組合費を控除する旨のチェック・オフ協定が労働協約の形式で締結されている場合であっても、使用者は、賃金から控除した組合費相当分を労働組合に支払うことについて個々の組合員から委任を受けなければ、当該組合員の賃金からチェック・オフをすることができない。

エ．使用者は、労働組合との間で、自己の雇用する労働者のうち、当該労働組合に加入しない者及び脱退した者を解雇する旨の労働協約を結ぶことができる。

問題 82.　　　労働組合

ア　不適切。労働組合は、規約で定めた解散事由の発生または組合員又は構成団体の４分の３以上の多数による総会の決議によって解散する（労働組合法 10 条）。

イ　適　切。労働組合法における「労働組合」とは、労働者が主体となって自主的に労働条件の維持改善その他経済的地位の向上を図ることを主たる目的として組織する団体又はその連合団体をいうが、監督的地位にある労働者その他使用者の利益を代表する者の参加を許すものは、「労働組合」には該当しない（労働組合法２条１号）。

ウ　適　切。判例は、使用者と過半数労働組合との間で、組合員の賃金から組合費を控除する旨のチェック・オフ協定が労働協約の形式で締結されている場合であっても、使用者が有効なチェック・オフを行うためには、使用者が個々の組合員から、賃金から控除した組合費相当分を労働組合に支払うことにつき委任を受けることが必要であるとしている（最判平 5.3.25　エッソ石油事件）。

エ　適　切。使用者は、労働組合との間で、自己の雇用する労働者のうち、当該労働組合に加入しない者及び脱退した者を解雇する旨の労働協約(ユニオンショップ協定)を結ぶことが認められている。ただし、協定締結組合以外の組合に加入している者や、協定締結組合から脱退し又は除名されたが別の組合に加入した者あるいは新たな労働組合を結成した者について、使用者の解雇義務を定める部分については、無効とされる（最判平元.12.14　三井倉庫港運事件）。

正解　ア

問題 83. 団体交渉に関する以下のアからエまでの記述のうち、最も<u>適切な</u>ものを1つ選びなさい。

ア. 使用者は、労働組合から交渉権限の委任を受けた者が当該労働組合の組合員ではないことを理由に、労働者側の団体交渉の申入れを拒否することができる。

イ. 判例によれば、使用者が、労働組合との団体交渉を継続した結果、これ以上交渉が進展する見込みがなく、団体交渉を継続する余地がなくなった場合であっても、団体交渉を打ち切ることは、原則として不当労働行為となる。

ウ. 判例によれば、使用者が正当な理由なく労働組合との団体交渉を拒否している場合、当該組合は、裁判所に対し、当該組合が団体交渉を求め得る地位の確認を求める訴えを適法に提起することができる。

エ. 使用者は、労働協約において特定の労働組合を唯一の交渉団体と規定していることを理由として、他の労働組合からの団体交渉の申入れを拒否することができる。

問題 83.　　団体交渉

ア　不適切。労働組合の代表者又は労働組合の委任を受けた者は、労働組合又は組合員のために使用者又はその団体と労働協約の締結その他の事項に関して交渉する権限を有する（労働組合法6条）。「労働組合の委任を受けた者」には限定はなく、当該労働組合の組合員であるか否かを問わない。

イ　不適切。判例は、使用者は、労働組合との団体交渉を継続した結果、これ以上交渉が進展する見込みがなく、団体交渉を継続する余地がなくなった場合には、その後の事情の変更がない限り、団体交渉を打ち切ることができるとしている（最判平4.2.14　池田電器事件）。

ウ　適　切。判例は、使用者が正当な理由なく労働組合との団体交渉を拒否している場合、当該組合は、裁判所に対し、当該組合が団体交渉を求め得る地位の確認を求める訴えの提起を認めている（最判平3.4.23　国鉄団交拒否事件）。

エ　不適切。労働協約において特定の労働組合を唯一の交渉団体と規定する、いわゆる唯一交渉団体事項は、他の組合の団体交渉権を侵害するものであり、無効である。使用者は当該条項を理由として他の労働組合の団体交渉申入れを拒否することはできない。

正解　ウ

問題 84. 労働協約に関する以下のアからオまでの記述のうち、最も<u>適切では</u>
<u>ない</u>ものを１つ選びなさい。

ア．労働組合と使用者又はその団体との間の労働条件その他に関する
労働協約は、書面に作成し、両当事者が署名し、又は記名押印する
ことによってその効力を生ずる。

イ．労働協約は、３年を超える有効期間の定めをすることができない
が、３年を超える有効期間の定めをした場合は、有効期間の定めが
ない労働協約とみなされる。

ウ．有効期間の定めがない労働協約は、当事者の一方が、署名し、又は
記名押印した文書によって相手方に予告して、解約することができ
るが、当該予告は、解約しようとする日の少なくとも 90 日前にし
なければならない。

エ．労働協約に定める労働条件その他の労働者の待遇に関する基準に
違反する労働契約の部分は、無効とする。

オ．一の工場事業場に常時使用される同種の労働者の４分の３以上の
数の労働者が一の労働協約の適用を受けるに至ったときは、当該工
場事業場に使用される他の同種の労働者に関しても、当該労働協約
が適用される。

問題 84.　労働協約

ア　適　切。労働組合と使用者又はその団体との間の労働条件その他に関する労働協約は、書面に作成し、両当事者が署名し、又は記名押印することによってその効力を生ずる（労働組合法 14 条）。

イ　不適切。労働協約は、3 年をこえる有効期間の定めをすることができないが、3 年を超える有効期間の定めをした場合は、3 年の有効期間の定をした労働協約とみなす（労働組合法 15 条 1 項・2 項）。有効期間の定がない労働協約とはみなされないため、不適切となる。

ウ　適　切。有効期間の定がない労働協約は、当事者の一方が、署名し、又は記名押印した文書によって相手方に予告して、解約することができる（労働組合法 15 条 3 項）。また、当該予告は、解約しようとする日の少なくとも 90 日前にしなければならない（労働組合法 15 条 4 項）。

エ　適　切。労働協約に定める労働条件その他の労働者の待遇に関する基準に違反する労働契約の部分は、無効となる（労働組合法 16 条）。

オ　適　切。一の工場事業場に常時使用される同種の労働者の 4 分の 3 以上の数の労働者が一の労働協約の適用を受けるに至ったときは、当該工場事業場に使用される他の同種の労働者に関しても、当該労働協約が適用される（労働組合法 17 条）。

正解　イ

問題 85. 労働委員会に関する以下のアからエまでの記述のうち、最も<u>適切で</u><u>はない</u>ものを１つ選びなさい。

ア．労働委員会は、使用者を代表する使用者委員、労働者を代表する労働者委員及び公益を代表する公益委員の三者によって構成される。

イ．不当労働行為事件の審査には、公益委員のみが参与し、使用者委員及び労働者委員は参与しない。

ウ．使用者は、都道府県労働委員会の救済命令等の交付を受けた場合、原則として、15 日以内に中央労働委員会に対して再審査の申立てをすることができる。

エ．労働委員会は、使用者が不当労働行為の禁止規定に違反した旨の申立てを受けたときは、遅滞なく調査を行い、必要があると認めたときは、当該申立てに理由があるかどうかについて審問を行わなければならないが、当該申立てが、当該不当労働行為の日（継続する行為にあってはその終了した日）から６か月を経過した事件に係るものであるときは、これを受けることができない。

問題 85.　　|労働委員会|

ア　適　切。労働委員会は、使用者を代表する使用者委員、労働者を代表する労働者委員及び公益を代表する公益委員の三者によって構成される委員会である（労働組合法 19 条 1 項）。

イ　適　切。不当労働行為事件の審査には、労働委員会の公益委員のみが参与する（労働組合法 24 条 1 項本文）。

ウ　適　切。使用者は、都道府県労働委員会の救済命令等の交付を受けたときは、15 日以内（天災その他この期間内に再審査の申立てをしなかったことについてやむを得ない理由があるときは、その理由がやんだ日の翌日から起算して 1 週間以内）に中央労働委員会に再審査の申立てをすることができる（労働組合法 27 条の 15）。

エ　不適切。労働委員会は、使用者が不当労働行為の禁止規定に違反した旨の申立てを受けたときは、遅滞なく調査を行い、必要があると認めたときは、当該申立てに理由があるかどうかについて審問を行わなければならない（労働組合法 27 条 1 項）が、当該申立てが、当該不当労働行為の日（継続する行為にあってはその終了した日）から 1 年を経過した事件に係るものであるときは、これを受けることができない（同条 2 項）。

|正解　エ|

問題 86. 争議行為に関する以下のアからエまでの記述のうち、最も<u>適切ではない</u>ものを1つ選びなさい。

ア．争議行為とは、労働者の要求の示唆又は貫徹のための圧力行為であって、争議権によって免責を受け得る類型の行為をいい、例えば、ストライキ、ピケッティング、ボイコットなどがこれに該当する。

イ．判例によれば、労働者の権利利益に直接関係する立法や行政措置の促進・反対などの政治的目的のための争議行為であっても、正当な争議行為と認められる。

ウ．判例によれば、労働者側の争議行為によって労使間の勢力の均衡が破れ、使用者側が著しく不利な圧力を受けることになるような場合には、使用者はその対抗防衛手段としてロックアウトを行うことができ、この場合、使用者はロックアウト期間中の賃金支払義務を免れる。

エ．使用者は、正当な争議行為によって損害を受けたことを理由として、労働組合又はその組合員に対して損害賠償を請求することはできない。

問題 86.　争議行為

ア　適　切。争議行為とは、労働者の要求の示唆又は貫徹のための圧力行為のことをいい、例えば、ストライキ、ピケッティング、ボイコットなどがこれに該当する。

イ　不適切。判例は、労働者の権利利益に直接関係する立法や行政措置の促進・反対などの政治的目的のための争議行為（政治スト）は、使用者に対する経済的地位の向上とは直接関係のないものであり、使用者が解決できるものではないことから、正当な争議行為とは認められないとしている（最判昭 41.10.26　全逓東京中郵事件、最判平 4.9.25　三菱重工業長崎造船所事件など）。

ウ　適　切。使用者によるロックアウトについて、判例は、労働者側の争議行為によって労使間の勢力の均衡が破れ、使用者側が著しく不利な圧力を受けることになるような場合には、使用者側においてこのような圧力を阻止し、労使間の勢力の均衡を回復するための対抗防衛的手段として相当性が認められる限りにおいて、使用者のロックアウトは正当な争議行為として是認され、使用者はロックアウト期間中の賃金支払義務を免れるとしている（最判昭 50.4.25　丸島水門事件）。

エ　適　切。使用者は、正当な争議行為により損害を受けたことをもって、労働組合又はその組合員に対し、損害賠償を請求することはできないとされており（労働組合法 8 条）、民事免責が認められている。

正解　イ

問題 87. 不当労働行為に関する以下のアからエまでの記述のうち、最も<u>適切</u>
<u>ではない</u>ものを 1 つ選びなさい。

ア. 使用者が、労働組合の運営経費の支払いにつき経理上の援助を与え
ることは、不当労働行為に該当するが、労働組合又はその組合員の
組合活動のために最小限の広さの事務所を供与することは、不当労
働行為に該当しない。

イ. 判例は、使用者の言論が、その内容、発表の手段、方法、発表の時
期、発表者の地位、身分、言論発表の与える影響などを総合して判
断し、当該言論が組合員に対し威嚇的効果を与え、組合の組織、運
営に影響を及ぼす可能性のある場合は、支配介入として不当労働行
為に該当するとしている。

ウ. 判例によれば、労働組合員であることを理由とする採用拒否は、そ
れが従前の雇用関係における不利益な取扱いにほかならないとし
て不当労働行為の成立を肯定することができる場合に当たらない
ときであっても、不利益取扱いの不当労働行為に該当する。

エ. 判例によれば、同一企業内に複数の労働組合が併存する場合におい
て、使用者が複数組合の一方のみに事業所を貸与し、他方にはこれ
を認めなかったときは、合理的な理由がない限り、不当労働行為に
該当する。

問題 87.　　|不当労働行為|

ア　適　切。使用者が労働組合の運営経費の支払につき経理上の援助を与えることは不当労働行為に該当するが、労働組合又はその組合員の組合活動のために、最小限の広さの事務所を供与することは、不当労働行為には該当しない（労働組合法 7 条 3 号）。

イ　適　切。判例は、使用者の言論がその内容、発表の手段、方法、発表の時期、発表者の地位、身分、言論発表の与える影響などを総合して判断し、当該言論が組合員に対し威嚇的効果を与え、組合の組織、運営に影響を及ぼした場合はもちろん、一般的に影響を及ぼす可能性のある場合は支配介入として不当労働行為に該当するとしている（最判昭 57.9.10　プリマハム事件）。

ウ　不適切。判例は、雇入れ（採用）の拒否について、それが従前の雇用関係における不利益な取扱いにほかならないとして不当労働行為の成立を肯定することができる場合に当たるなどの特段の事情がない限り、労働組合法 7 条 1 号本文にいう不利益な取扱いには該当しないとしている（最判平 15.12.22　JR 北海道・日本貨物鉄道事件）。

エ　適　切。判例は、同一企業内に複数の労働組合が併存する場合、使用者は中立保持義務を負うから、一方の組合のみに事務所を貸与することは、合理的理由がない限り、他方の組合に対する支配介入となり、不当労働行為に該当するとしている（最判昭 62.5.8 日産自動車事件）。

|正解　ウ|

問題 88. 使用者は、事業場に労働者の過半数で組織する労働組合がない場合は、労働者の過半数を代表する者（以下過半数代表者という。）との間で、36 協定などの労使協定を締結しなければならない。過半数代表者に関する以下のアからエまでの記述のうち、最も<u>適切ではない</u>ものを１つ選びなさい。

ア．労働基準法に規定する管理監督者は、過半数代表者になることができない。

イ．過半数代表者を選出するときの当該事業場の労働者数の算定に当たっては、パート、アルバイト等有期雇用労働者や休職期間中の労働者は含まれない。

ウ．過半数代表者の選出は、投票券等の書面を用いた労働者による投票の方法のほか、挙手や起立、回覧等の方法によって選出することも認められる。

エ．使用者は、労働者が過半数代表者であることや過半数代表者になろうとしたこと、過半数代表者として正当な行為をしたことを理由として、不利益な取扱いをしてはならない。

問題 88.　　　過半数代表者

ア　適　切。労働基準法 41 条 2 号に規定する監督又は管理の地位にある者
　　　　　　は、過半数代表者になることはできない（労働基準法 36 条 1
　　　　　　項、規則 6 条の 2 第 1 項 1 号）。

イ　不適切。過半数代表者を選出する際の当該事業場の労働者数の算定に当
　　　　　　たっては、労働基準法 41 条 2 号の規定に該当する管理監督者、
　　　　　　病欠、出張、休職期間中等の者、パート、アルバイト等が含ま
　　　　　　れる（同法 36 条 1 項、S46.1.18　45 基収 6206 号、S63.3.14
　　　　　　基発 150 号、H11.3.31　基発 168 号）。

ウ　適　切。過半数代表者の選出は、書面による投票のほかに挙手や起立、
　　　　　　回覧等の方法による手続によって選出することもできる（労働
　　　　　　基準法 36 条 1 項、規則 6 条の 2 第 1 項 2 号、H11.3.31　基発 169
　　　　　　号）。

エ　適　切。使用者は、労働者が過半数代表者であること若しくは過半数代
　　　　　　表者になろうとしたこと又は過半数代表者として正当な行為を
　　　　　　したことを理由として不利益な取扱いをすることは、禁止され
　　　　　　ている（労働基準法施行規則 6 条の 2 第 3 項）。

正解　イ

問題 89. 雇用保険の被保険者に関する以下のアからオまでの記述のうち、最も<u>適切ではない</u>ものを1つ選びなさい。

ア．民間企業に勤めている労働者が長期にわたって欠勤している場合であっても、雇用関係が存続する限り、賃金の支払を受けているか否かを問わず被保険者となる。

イ．同時に2以上の適用事業に雇用される労働者について、その者は、各々の適用事業との雇用関係において被保険者となる。

ウ．取締役であると同時に会社の部長、工場長等従業員としての身分を有する者は、報酬支払等の面からみて労働者的性格の強いものであって、雇用関係があると認められる場合には、被保険者となる。

エ．内定者をアルバイトで雇用する場合など卒業を予定している者であって、適用事業に雇用され、卒業した後も引き続き当該事業に雇用されることとなっているものは、被保険者となり得る。

オ．派遣・出向などにより国外で就労する労働者であっても、国内の事業主との雇用関係が継続している場合は、その期間も被保険者となる。

問題 89.　雇用保険の被保険者

ア　適　切。労働者が長期欠勤している場合であっても、雇用関係が存続する限り、賃金の支払を受けていると否とを問わず被保険者となる（雇用保険法4条1項、6条、行政手引20352）。

イ　不適切。同時に2以上の雇用関係にある労働者については、当該2以上の雇用関係のうち一の雇用関係（原則として、その者が生計を維持するに必要な主たる賃金を受ける雇用関係とする）についてのみ被保険者となる（雇用保険法4条1項、行政手引20352）。

ウ　適　切。株式会社の取締役は、原則として、被保険者とならないが、取締役であると同時に会社の部長、工場長等従業員としての身分を有する者は、報酬支払等の面からみて労働者的性格の強いものであって、雇用関係があると認められる場合には被保険者となる（雇用保険法4条1項、行政手引20351）。

エ　適　切。内定者をアルバイトで雇用する場合など卒業を予定している者であって、適用事業に雇用され、卒業した後も引き続き当該事業に雇用されることとなっているものは、被保険者となり得る（雇用保険法6条4号、規則3条の2第1号）。

オ　適　切。適用事業で雇用される被保険者が、事業主の命を受けて、日本国の領域外に、出張・転勤・出向等により就労する場合は、当該事業主との雇用関係が継続している限り、被保険者とされる（雇用保険法4条1項、行政手引き20352）。

正解　イ

問題 90. 雇用保険法における基本手当に関する以下のアからオまでの記述のうち、最も<u>適切な</u>ものを１つ選びなさい。

ア．基本手当は、受給資格者が当該基本手当の受給資格に係る離職後最初に公共職業安定所に求職の申込みをした日以後において、失業している日（疾病又は負傷のため職業に就くことができない日を除く。）が通算して７日に満たない間は、支給されない。

イ．基本手当は、原則として、離職の日の翌日から起算して２年の期間内の失業している日について、所定給付日数を限度として支給される。

ウ．基本手当の所定給付日数は、受給資格者の離職理由と離職日における被保険者期間によって定められている。

エ．被保険者が自己の責めに帰すべき重大な理由によって解雇され、又は正当な理由がなく自己の都合によって退職した場合には、待期期間の満了後１か月以上３か月以内の間で公共職業安定所長の定める期間は、原則として基本手当が支給されない。

オ．雇用保険法は、「基本手当は、被保険者が失業した場合において、算定対象期間に、被保険者期間が通算して 12 か月以上であったときに、支給される」と規定しているため、倒産により失業した被保険者が、離職の日以前２年間に被保険者期間が通算して７か月の場合は、基本手当が受給できない。

問題 90.　　｜基本手当｜

ア　不適切。基本手当は、受給資格者が当該基本手当の受給資格に係る離職後最初に公共職業安定所に求職の申込みをした日以後において、失業している日（疾病又は負傷のため職業に就くことができない日を含む。）が通算して7日に満たない間は、支給しない（雇用保険法21条）。

イ　不適切。基本手当は、原則として、離職の日の翌日から起算して1年の期間内の失業している日について、所定給付日数を限度として支給される（雇用保険法20条1項）。

ウ　不適切。基本手当の所定給付日数は、受給資格者の離職理由と離職日における年齢及び算定基礎期間（被保険者であった期間）（雇用保険法22条3項）によって定められている（同法22条、23条）。

エ　適　切。被保険者が自己の責めに帰すべき重大な理由によって解雇され、又は正当な理由がなく自己の都合によって退職した場合には、待期期間（雇用保険法21条）の満了後1か月以上3か月以内の間で公共職業安定所長の定める期間は、原則として基本手当が支給されない（同法33条1項）。

オ　不適切。原則として、基本手当は、被保険者が失業した場合において、算定対象期間（離職の日以前2年間）に、被保険者期間が通算して12か月以上であったときに、支給される（雇用保険法13条1項）が、倒産・解雇などにより失業した特定受給資格者は、算定対象期間（離職の日以前2年間）に、被保険者期間が通算して6か月以上あれば、基本手当を受給することができる（同条2項）。

｜正解　エ｜

問題 91. 雇用保険法における教育訓練給付に関する以下のアからオまでの
記述のうち、最も<u>適切ではない</u>ものを１つ選びなさい。

ア．一般教育訓練に係る教育訓練給付金は、所定の教育訓練を受け、当
該教育訓練を修了した場合において、他の支給要件を満たす場合に
支給される。

イ．一般教育訓練給付に関して、教育訓練の受講のために支払った費用
として認められるのは、入学料、受講料のほかキャリアコンサル
ティングにかかる費用などもある。

ウ．一般教育訓練給付金における支給額は、原則として、教育訓練施設
に支払った教育訓練経費の 40%に相当する額であるが、その額が
4,000 円を超えない場合は支給されない。

エ．専門実践教育訓練に係る教育訓練給付金の支給率は最大７割であ
る。

オ．専門実践教育訓練給付金の対象者が、当該教育訓練の受講開始日の
前日から３年以内に教育訓練給付金の支給を受けたことがあると
きは、専門実践教育訓練給付金は支給されない。

問題 91.　　　教育訓練給付

ア　適　切。一般教育訓練に係る教育訓練給付金は、所定の教育訓練を受け、当該教育訓練を修了した場合において、他の支給要件を満たす場合に支給される（雇用保険法 60 条の 2 第 1 項）。

イ　適　切。教育訓練給付に関して、教育訓練の受講のために支払った費用として認められるのは、入学料、受講料の他キャリアコンサルティングにかかる費用などもある（雇用保険法 60 条の 2 第 4 項、規則 101 条の 2 の 2、101 条の 2 の 6）。

ウ　不適切。一般教育訓練給付金における支給額は、原則として、教育訓練施設に支払った教育訓練経費の 20％に相当する額となる（雇用保険法 60 条の 2 第 4 項、規則 101 条の 2 の 7）が、その額が10 万円を超える場合は 10 万円（規則 101 条の 2 の 8 第 1 号）とし、4 千円を超えない場合は支給されない（規則 101 条の 2 の 9）。

エ　適　切。社会人のさらなる学びの後押しと成長分野の人材の増加をねらいとして、2018 年 1 月以降に受講を開始する専門実践教育訓練に係る教育訓練給付金の支給率は最大 7 割となった（雇用保険法施行規則 101 条の 2 の 7 第 3 号）。

オ　適　切。専門実践教育訓練給付金の対象者が、当該教育訓練の受講開始日の前日から 3 年以内に教育訓練給付金の支給を受けたことがあるときは、専門実践教育訓練給付金は支給されない（行政手引 58212）。

正解　ウ

問題 92. 雇用保険法における就職促進給付に関する以下のアからオまでの
記述のうち、最も<u>適切ではない</u>ものを１つ選びなさい。

ア．就業手当は、職業についた者（厚生労働省令で定める安定した職
業に就いた者を除く。）であって、当該職業についた日の前日にお
ける基本手当の支給残日数が当該受給資格に基づく所定給付日数
の３分の１以上かつ 45 日以上である受給資格者に支給される。

イ．就業手当を支給したときは、当該就業手当を支給した日数に相当
する日数分の基本手当を支給したものとみなされる。

ウ．基本手当の受給資格者が雇用保険法で定める待機期間中に就職し
た場合、再就職手当は支給されない。

エ．再就職手当は、厚生労働省令で定める安定した職業に就いた者で
あって、当該職業に就いた日の前日における基本手当の支給残日数
が当該受給資格に基づく所定給付日数の３分の１以上である受給
資格者に支給するが、事業を開始した基本手当の受給資格者は、再
就職手当を受給することができない。

オ．受給資格者が安定した職業に就いた日前３年以内の就職について、
再就職手当の支給を受けたことがあるときは、当該安定した職業に
就いたことに基づく再就職手当は支給されない。

問題 92.　　| 就職促進給付 |

ア　適　切。就業手当は、職業についた者（厚生労働省令で定める安定した職業に就いた者を除く。）であって、当該職業についた日の前日における基本手当の支給残日数が当該受給資格に基づく所定給付日数の３分の１以上かつ 45 日以上である受給資格者に支給される（雇用保険法 56 条の３第１項１号イ）。

イ　適　切。就業手当を支給したときは、当該就業手当を支給した日数に相当する日数分の基本手当を支給したものとみなされる。（雇用保険法 56 条の３第４項）。

ウ　適　切。基本手当の受給資格者が雇用保険法で定める待機期間中に就職した場合、再就職手当は支給されない(雇用保険法 21 条、規則 82 条１項２号)。

エ　不適切。再就職手当は、厚生労働省令で定める安定した職業に就いた者であって、当該職業に就いた日の前日における基本手当の支給残日数が当該受給資格に基づく所定給付日数の３分の１以上である受給資格者に支給する（雇用保険法 56 条の３第１項１号ロ）。事業を開始した基本手当の受給資格者であっても、当該事業が当該受給資格の自立に資するもので他の要件を満たす場合は、再就職手当を受給することができる（雇用保険法 56 条の３第１項１号ロ、規則 82 条１項２号、82 条の２）。

オ　適　切。受給資格者が安定した職業に就いた日前３年以内の就職について、再就職手当の支給を受けたことがあるときは、当該安定した職業に就いたことに基づく再就職手当は支給されない（雇用保険法 56 条の３第２項、規則 82 条の４）。

| 正解　エ |

問題 93.「雇用保険マルチジョブホルダー制度」に関する次の文章中の（　　　）に入る<u>適切な</u>語句の組合せを、以下のアからエまでのうち１つ選びなさい。

　2022 年１月から始まった「雇用保険マルチジョブホルダー制度」とは、複数の事業所で勤務する（　a　）以上の労働者が、そのうち２つの事業所での勤務を合計して以下の要件を満たす場合に、本人からハローワークに申出を行うことで、申出を行った日から特例的に雇用保険の被保険者（マルチ高年齢被保険者）となることができる制度である。

適用要件は次の通り
・複数の事業所に雇用される（a）以上の労働者であること
・２つの事業所（１つの事業所における１週間の所定労働時間が５時間以上 20 時間未満）の労働時間を合計して１週間の所定労働時間が 20 時間以上であること
・２つの事業所のそれぞれの雇用見込みが（　b　）以上であること

出典：厚生労働省「雇用保険マルチジョブホルダー制度を新設します」

ア．a．60 歳　　　　b．２か月

イ．a．60 歳　　　　b．31 日

ウ．a．65 歳　　　　b．２か月

エ．a．65 歳　　　　b．31 日

問題 93.　　　マルチジョブホルダー制度

2022 年 1 月から始まった「雇用保険マルチジョブホルダー制度」とは、複数の事業所で勤務する（ a ． **65 歳**）以上の労働者が、そのうち 2 つの事業所での勤務を合計して以下の要件を満たす場合に、本人からハローワークに申出を行うことで、申出を行った日から特例的に雇用保険の被保険者（マルチ高年齢被保険者）となることができる制度である。

適用要件は次の通り

・複数の事業所に雇用される **65** 歳以上の労働者であること
・2 つの事業所（ 1 つの事業所における 1 週間の所定労働時間が 5 時間以上20 時間未満）の労働時間を合計して 1 週間の所定労働時間が 20 時間以上であること
・2 つの事業所のそれぞれの雇用見込みが（ b ． **31 日**）以上であること

正解　エ

問題 94.　労働関係調整法に関する以下のアからオまでの記述のうち、最も
　　　　　適切ではないものを１つ選びなさい。

ア．労働関係の当事者は、互いに労働関係を適正化するように、労働協
　　約中に、常に労働関係の調整を図るための正規の機関の設置及びそ
　　の運営に関する事項を定めるように、かつ労働争議が発生したとき
　　は、誠意をもって自主的にこれを解決するように、特に努力しなけ
　　ればならない。

イ．労働関係調整法は、労働関係の当事者が、直接の協議又は団体交渉
　　によって、労働条件その他労働関係に関する事項を定め、又は労働
　　関係に関する主張の不一致を調整することを妨げるものでないと
　　ともに、また、労働関係の当事者がかかる努力をする責務を免除す
　　るものではない。

ウ．労働関係調整法において労働争議とは、労働関係の当事者間におい
　　て、労働関係に関する主張が一致しないために争議行為が発生して
　　いる状態をいい、労働争議が発生するおそれはあるものの、現実に
　　は発生していない状態は労働争議に含まれない。

エ．労働委員会は、斡旋員候補者を委嘱し、その名簿を作製して置かな
　　ければならないが、斡旋員候補者は、学識経験を有する者で、労働
　　争議の解決につき援助を与えることができる者でなければならな
　　い。

オ．労働委員会は、関係当事者の双方から、または労働協約の定めに基
　　づく関係当事者の双方又は一方から労働委員会に対して、仲裁の申
　　請がなされたときは、仲裁委員会を設けて仲裁を行う。

問題 94.　　労働関係調整法

ア　適　切。労働関係の当事者は、互いに労働関係を適正化するように、労働協約中に、常に労働関係の調整を図るための正規の機関の設置及びその運営に関する事項を定めるように、かつ労働争議が発生したときは、誠意をもって自主的にこれを解決するように、特に努力しなければならない（労働関係調整法2条）。

イ　適　切。労働関係調整法は、労働関係の当事者が、直接の協議又は団体交渉によって、労働条件その他労働関係に関する事項を定め、又は労働関係に関する主張の不一致を調整することを妨げるものでないとともに、また、労働関係の当事者がかかる努力をする責務を免除するものではない（労働関係調整法4条）。

ウ　不適切。労働関係調整法において労働争議とは、労働関係の当事者間において、労働関係に関する主張が一致しないで、そのために争議行為が発生している状態又は発生するおそれがある状態をいう（労働関係調整法6条）。

エ　適　切。労働委員会は、斡旋員候補者を委嘱し、その名簿を作製して置かなければならない（労働関係調整法10条）が、斡旋員候補者は、学識経験を有する者で、労働争議の解決につき援助を与えることができる者でなければならない（同法11条）。

オ　適　切。労働委員会は、関係当事者の双方から、または労働協約の定めに基づく関係当事者の双方又は一方から労働委員会に対して、仲裁の申請がなされたときは、仲裁委員会を設けて仲裁を行う（労働関係調整法30条）。

正解　ウ

問題 95. 労働審判制度に関する以下のアからオまでの記述のうち、最も<u>適切</u>
<u>ではないもの</u>を１つ選びなさい。

ア．労働審判手続は、裁判官である労働審判官１名と労働関係に関する
専門的な知識経験を有する労働審判員２名で構成される労働審判
委員会で行われる。

イ．労働審判手続は、労使当事者の一方が管轄を有する地方裁判所に対
して申立てをすることによって開始する。

ウ．労働審判手続は、原則として、３回以内の期日において審理を終結
しなければならない。

エ．労働審判手続は、不当な審理・審判がなされないように、原則とし
て、公開される。

オ．労働審判が、当事者双方によって受諾されたときは、当該労働審判
は、裁判上の和解と同一の効力を有する。

問題 95. 　労働審判制度

ア　適　切。労働審判手続は、裁判官である労働審判官１名と労働関係に関
　　　　　　する専門的な知識経験を有する労働審判員２名で構成される労
　　　　　　働審判委員会で行われる（労働審判法７条、９条）。

イ　適　切。労働審判手続は、労使当事者の一方が管轄を有する地方裁判所
　　　　　　に対して申立てをすることによって開始する（労働審判法２条、
　　　　　　５条）。

ウ　適　切。労働審判手続は、原則として、３回以内の期日において審理を
　　　　　　終結しなければならない（労働審判法 15 条２項）。

エ　不適切。労働審判手続は原則非公開である（労働審判法 16 条）。

オ　適　切。労働審判が、当事者双方によって受諾されたときは、当該労働
　　　　　　審判は、裁判上の和解と同一の効力を有する（法 21 条４項）。

正解　エ

問題 96.　勤労者財産形成促進法に関する以下のアからエまでの記述のうち、
　　　　　最も<u>適切ではない</u>ものを１つ選びなさい。

　　ア．勤労者財産形成促進法における「財産形成」とは、預貯金の預入、
　　　　金銭の信託、有価証券の購入その他の貯蓄をすること及び持家の取
　　　　得又は改良をすることをいう。

　　イ．勤労者財産形成促進法における「勤労者」とは、業の種類を問わ
　　　　ず、事業主に雇用される者をいう。

　　ウ．既に勤労者財産形成年金貯蓄契約を締結している勤労者であって
　　　　も、新たに勤労者財産形成年金貯蓄契約を締結することができる。

　　エ．厚生労働大臣は、必要があると認めるときは、関係行政機関の長
　　　　に対し、勤労者財産形成政策基本方針を定めるための資料の提出
　　　　又は勤労者財産形成政策基本方針において定められた施策で、当該
　　　　行政機関の所管に係るものの実施について、必要な要請をすること
　　　　ができる。

問題 96.　　　勤労者財産形成促進法

ア　適　切。「財産形成」とは、預貯金の預入、金銭の信託、有価証券の購入
　　　　　　　その他の貯蓄をすること及び持家の取得又は改良をすることを
　　　　　　　いう（勤労者財産形成促進法2条4号）。

イ　適　切。「勤労者」とは、業の種類を問わず、事業主に雇用される者をい
　　　　　　　う（勤労者財産形成促進法2条1号）。

ウ　不適切。既に勤労者財産形成住宅貯蓄契約を締結している勤労者は、新
　　　　　　　たに勤労者財産形成住宅貯蓄契約を締結することができない
　　　　　　　（勤労者財産形成促進法6条5項）。

エ　適　切。厚生労働大臣は、必要があると認めるときは、関係行政機関の
　　　　　　　長に対し、勤労者財産形成政策基本方針を定めるための資料の
　　　　　　　提出又は勤労者財産形成政策基本方針において定められた施策
　　　　　　　で、当該行政機関の所管に係るものの実施について、必要な要
　　　　　　　請をすることができる（勤労者財産形成促進法5条）。

正解　ウ

問題 97. 中小企業退職金共済制度に関する次のaからeまでの事項のうち、最も<u>適切な</u>ものの組合せを以下のアからオまでのうち1つ選びなさい。

a. 掛金は、事業主と被共済者である労働者で半分ずつ負担するのが原則であるが、事業主の負担分の割合を増加させることもできる。

b. 1か月でも掛金の納付期間を有する被共済者が退職したときは、その者（退職が死亡によるものであるときはその遺族）に独立行政法人勤労者退職金共済機構から退職金が支給される。

c. 掛金月額は、被共済者1人につき、5,000円（短時間労働被共済者は2,000円）以上30,000円以下とされている。

d. 独立行政法人勤労者退職金共済機構は、中小企業者が、退職金共済契約の申込みをすること及び共済契約者が掛金月額の増加の申込みをすることを促進するため、共済契約者の掛金に係る負担を軽減する措置として、一定月分の掛金の額を減額することができる。

e. 現に退職金共済契約の被共済者であって、掛金を12月以上納付している者は、その者を被共済者とする新たな退職金共済契約を締結することができる。

ア. aとb　イ. bとc　ウ. cとd　エ. dとe　オ. aとe

問題 97.　　中小企業退職金共済制度

a　不適切。退職金共済契約は、事業主が独立行政法人勤労者退職金共済機構に掛金を納付することを約し、機構がその事業主の雇用する従業員の退職について、退職金を支給することを約する契約である（中小企業退職金共済法 2 条 3 項）。つまり、掛金は、事業主が全額負担する。

b　不適切。掛金の納付月数が 12 カ月未満の場合には、退職金を支給しない（中小企業退職金共済法 10 条 1 項）。

c　適　切。掛金月額は、被共済者 1 人につき、5,000 円（短時間労働被共済者は 2,000 円）以上 30,000 円以下とされている（中小企業退職金共済法 4 条 2 項）。

d　適　切。独立行政法人勤労者退職金共済機構は、中小企業者が、退職金共済契約の申込みをすること及び共済契約者が掛金月額の増加の申込みをすることを促進するため、厚生労働省令で定めるところにより、共済契約者の掛金に係る負担を軽減する措置として、一定月分の掛金の額を減額することができる（中小企業退職金共済法 23 条 1 項）。

e　不適切。現に退職金共済契約の被共済者である者については、加入期間を問わず新たに退職金共済契約を締結することができない（中小企業退職金共済法 3 条 2 項）。つまり、二重加入を禁止している。

従って、cとdが正しく、正解は肢ウとなる。

正解　ウ

問題 98. 個人型確定拠出年金(iDeCo)に関する以下のアからオまでの記述の
うち、最も<u>適切ではない</u>ものを１つ選びなさい。

ア．国民年金法に規定されている産前産後期間の保険料の免除により
同法の保険料を納付することを要しないものとされた者は、iDeCo
に加入することができない。

イ．個人型年金とは、国民年金基金連合会が確定拠出年金法の規定に基
づいて実施する年金制度をいう。

ウ．個人型年金加入者は、政令で定めるところにより、年に１回以上、
定期的に掛金を拠出するものとされている。

エ．個人型年金加入者の資格を取得した月にその資格を喪失した者
は、その資格を取得した日にさかのぼって、個人型年金加入者でな
かったものとみなされる。

オ．iDeCo に加入していた者は、通算拠出期間が政令で定める期間内
であること又は請求した日における個人別管理資産の額として政
令で定めるところにより計算した額が 25 万円以下であることなど、
一定要件を満たした場合は、脱退一時金を請求することができる。

問題 98.　　　個人型確定拠出年金(iDeCo)

ア　不適切。原則として、国民年金法の所定の保険料免除者は、個人型確定
　　　　　　拠出年金の加入者になることはできないが、産前産後期間の保
　　　　　　険料の免除により同法の保険料を納付することを要しない者に
　　　　　　ついては、iDeCo に加入することができる（確定拠出年金法 62
　　　　　　条 1 項 1 号、施行令 35 条、国民年金法 88 条の 2）。

イ　適　切。「個人型年金」とは、国民年金基金連合会が、確定拠出年金法の
　　　　　　規定に基づいて実施する年金制度をいう（確定拠出年金法 2 条
　　　　　　3 号）。

ウ　適　切。個人型年金加入者は、政令で定めるところにより、年 1 回以
　　　　　　上、定期的に掛金を拠出するものとされている（確定拠出年金
　　　　　　法 68 条 1 項）。

エ　適　切。個人型年金加入者の資格を取得した月にその資格を喪失した者
　　　　　　は、その資格を取得した日にさかのぼって、個人型年金加入者
　　　　　　でなかったものとみなされる（確定拠出年金法 62 条 5 項）。

オ　適　切。iDeCo に加入していた者は、通算拠出期間が政令で定める期間
　　　　　　内であること又は請求した日における個人別管理資産の額とし
　　　　　　て政令で定めるところにより計算した額が 25 万円以下である
　　　　　　ことなど、一定要件を満たした場合は、脱退一時金を請求する
　　　　　　ことができる（確定拠出年金法附則 3 条 1 項、施行令 60 条）。

正解　ア

問題 99. 外国人労働者に関する以下のアからエまでの記述のうち、最も<u>適切ではない</u>ものを 1 つ選びなさい。

ア. 事業主は、外国人労働者（雇用保険の加入対象者）の雇入れに係る届出にあっては雇い入れた日に、離職に係る届出にあっては離職した日の属する月の翌月末日までに、当該事業所の所在地を管轄する公共職業安定所の長に提出しなければならない。

イ. 厚生労働大臣は、労働力の需要供給の適正かつ円滑な調整等を図るため、法務大臣又は出入国在留管理庁長官に対し、労働に従事することを目的として在留する外国人の出入国に関する必要な連絡又は協力を求めることができる。

ウ. 外国人労働者の雇用管理の改善等に関して事業主が適切に対処するための指針における「外国人」とは、日本国籍を有しない者をいい、特別永住者並びに在留資格が「外交」及び「公用」の者は、当該「外国人」からは除かれる。

エ. 事業主は、事業場内における労働災害防止に関する標識、掲示等について、図解等の方法を用いる等、外国人労働者がその内容を理解できる方法により行うよう努めなければならない。

問題 99.　　外国人労働者

ア　不適切。事業主は、外国人労働者（雇用保険の加入対象者）の雇入れに
　　　　　　係る届出にあっては雇い入れた日の属する月の翌月 10 日まで
　　　　　　に、その雇用する外国人が離職した場合にあっては当該事実の
　　　　　　あつた日の翌日から起算して 10 日以内に、当該事業所の所在
　　　　　　地を管轄する公共職業安定所の長に提出しなければならない
　　　　　　（労働施策総合推進法 28 条 1 項、令 5 条）。

イ　適　切。厚生労働大臣は、労働力の需要供給の適正かつ円滑な調整等を
　　　　　　図るため、法務大臣又は出入国在留管理庁長官に対し、労働に
　　　　　　従事することを目的として在留する外国人の出入国に関する必
　　　　　　要な連絡又は協力を求めることができる（労働施策総合推進法
　　　　　　30 条 1 項）。

ウ　適　切。外国人労働者の雇用管理の改善等に関して事業主が適切に対処
　　　　　　するための指針における「外国人」とは、日本国籍を有しない
　　　　　　者をいい、特別永住者並びに在留資格が「外交」及び「公用」
　　　　　　の者は、当該「外国人」からは除かれる。

エ　適　切。事業主は、事業場内における労働災害防止に関する標識、掲示
　　　　　　等について、図解等の方法を用いる等、外国人労働者がその内
　　　　　　容を理解できる方法により行うよう努めなければならない。

正解　ア

問題 100. 外国人労働者の雇用管理に関する以下のアからオまでの記述の
うち、最も<u>適切ではない</u>ものを1つ選びなさい。

ア. 事業主は、外国人労働者に対し、雇用保険、労災保険、健康保険及
び厚生年金保険に係る法令の内容及び保険給付に係る請求手続等
について、雇入れ時に外国人労働者が理解できるよう説明を行うこ
と等による周知に努めなければならない。

イ. 事業主は、外国人労働者との労働契約の締結に際し、賃金、労働時
間等主要な労働条件について、当該外国人労働者が理解できるよう
その内容を明らかにした書面を交付しなければならない。

ウ. 現在、入管法上の在留資格は、大きく「活動に基づく在留資格」
と「身分又は地位に基づく在留資格」の2つに分けられる。「活動
に基づく在留資格」については活動に制限はないが、「身分又は地
位に基づく在留資格」については活動に制限がある。

エ. 不法就労外国人を故意又は過失により雇用した雇用主は、「不法就
労助長罪」として3年以下の懲役若しくは300万円以下の罰金に処
され、又はこれを併科される場合がある。

オ. 事業主は、新たに外国人を雇い入れた場合又はその雇用する外国人
が離職した場合には、厚生労働省令で定めるところにより、その者
の氏名、在留資格、在留期間その他厚生労働省令で定める事項につ
いて確認し、当該事項を厚生労働大臣に届け出なければならない。

問題 100.　　外国人労働者の雇用管理

ア　適　切。事業主は、外国人労働者に対し、雇用保険、労災保険、健康保険及び厚生年金保険に係る法令の内容及び保険給付に係る請求手続等について、雇入れ時に外国人労働者が理解できるよう説明を行うこと等による周知に努めなければならない（外国人労働者の雇用管理の改善等に関して事業主が適切に対処するための指針第4の4）。

イ　適　切。事業主は、外国人労働者との労働契約の締結に際し、賃金、労働時間等主要な労働条件について、当該外国人労働者が理解できるようその内容を明らかにした書面を交付しなければならない（外国人労働者の雇用管理の改善等に関して事業主が適切に対処するための指針第4の2）。

ウ　不適切。現在、入管法上の在留資格は、大きく「活動に基づく在留資格」と「身分又は地位に基づく在留資格」の2つに分けられる。「活動に基づく在留資格」については、各在留資格に定められた範囲での就労が可能な在留資格と就労できない在留資格の2つに分けられ、「身分又は地位に基づく在留資格」については活動に制限はない（出入国管理及び難民認定法2条の2、19条）。

エ　適　切。不法就労外国人を故意又は過失により雇用した雇用主は、「不法就労助長罪」として3年以下の懲役若しくは300万円以下の罰金に処され、又はこれを併科される場合がある（出入国管理及び難民認定法73条の2）。

オ　適　切。事業主は、新たに外国人を雇い入れた場合又はその雇用する外国人が離職した場合には、厚生労働省令で定めるところにより、その者の氏名、在留資格、在留期間その他厚生労働省令で定める事項について確認し、当該事項を厚生労働大臣に届け出なければならない（雇用対策法28条1項）。

正解　ウ

労働法務士認定試験 公式精選問題集

2024 年 4 月 23 日　初版第 1 刷発行
2024 年 5 月 30 日　　第 2 刷発行

編　者　一般財団法人 全日本情報学習振興協会

発行者　牧野 常夫

発行所　一般財団法人 全日本情報学習振興協会
　　　　〒101-0061　東京都千代田区神田三崎町 3-7-12
　　　　　　　　　　　　　　　　清話会ビル 5F
　　　　　　　　　　　　TEL：03-5276-6665

販売元　株式会社 マイナビ出版
　　　　〒101-0003　東京都千代田区一ツ橋 2-6-3
　　　　　　　　　　　　　　　　一ツ橋ビル 2F
　　　　　TEL：0480-38-6872（注文専用ダイヤル）
　　　　　　　　03-3556-2731（販売部）
　　　　　URL：http://book.mynavi.jp

印刷・製本　日本ハイコム株式会社

©2024　一般財団法人 全日本情報学習振興協会
ISBN コード　978-4-8399-8674-2　C2034
Printed in Japan